To Mr William Gorman
with a million thanks
Maryam

ترا بسیار دوست میدارم

مریم رستگار

نام کتاب: ترا بسیار دوست میدارم
نگارنده : مریم رستگار
متولد کرمان ایران
ساکن لوس آنجلس امریکا
چاپ نخست : بهار ۲۰۰۴ میلادی
۱۰۰۰ نسخه لوس انجلس امریکا
تهیه کتاب : فرم سفارش کتاب ضمیمه است
P.O.Box 1535 Beverly Hills، CA 90213

Library of Congress Cataloging-in-Publication Data

ISBN 0-9760763-052000

تقدیم با عشق :

به دختران عزیزم نیلوفر و رُز
به نوه عزیزم جانتان سیروس گورمن
به پسر عزیزم کاوه
وبه تو خواننده عزیزم
هرآنچه هست همه با عشق تقدیم تو باد

مقدمه

خوانندە عزیز
ترا دوست میدارم و امیدم این است که روزهایت آفتابی
، شبهایت پر از امید تولدی دیگر ، سایه ابرهای توهم
از آسمان زندگیت دور و حقایق در سفره خانه ات
گسترده باشد .
با این‌فرض‌نوشتم که شاید لحظه ای درد و غم را
از زندگی‌تو دور و شاید لحظه ای دل تنگت آرام گیرد .
اگر نوشته ها افکار آرامت را بر هم میزند متاسفم .
در جواب تو هم بنویس تا سر مرز پر گهر تبادل‌افکارملاقاتی
باشد.شاید افکار تو چراغی را فراسوی راه همگان‌از آنجمله
این حقیر روشن نماید.دوستت دارم .
لازم میدانم از دخترانم نیلوفر و رز که وقتم را از آنان
دریغ نموده‌و در امر مادری قصورات مراتحمل‌نموده اند
عذرخواهی نمایم و به ا مید اینکه با بزرگواری خودکمی‌ها
مرا در در انجام وظائفم ببخشند.
ازهمراهی و کمک آقای ویلیام گورمن
Mr. William Gormanکه با صبر، حوصله‌و شکیبائی
و با صرف وقت مشکلات مرا در کاربرد کامپیوتر ورفع
مشکلات مربوط به آن کمک و همراهی و در تصنیف
و تحریر یاری و مدد نموده اند صمیمانه سپاسگزاری
نمایم.
سپاس فراوان از دخترانم نیلوفر و رز که مرا در به انجام
رسا ندن این نوشته ها مشوقی مهربان یارو یاوری دلسوز
بودند .
ازبرکت عشق به این دو عزیز و از وجود پر مهرشان بسیار
آموختم. دوستشان دارم و از هر دو صمیمانه‌سپاسگزارم .

و ا زنیلوفر عزیزم که با مساعدت های مالی شرایط به
ثمر رسیدن کتاب را ممکن ساخت بی نهایت سپاسگزارم.
از تو خواننده عزیز صمیمانه سپاسگزار خواهم شد در
صورتیکه ، نظریات متفاوت‌دارید ، مطلب واضح نیست
و یا نظریاتی جهت تصیحح و ارشاد این حقیرداريد هرگز
قصوراتم را بدیده اغماص ننگرید و راهنمائی فرمائید .
صمیمانه سپاسگزار خواهم‌بود که نظریات شما را دریافت
نمایم .
آدرس پستی بقرار ذیل است :

P.O.BOX 1535 BEVERLY HILLS CA 90113
ویا آدرس پست الکترونیک
maryamrastrgar@sbcglobal.net

باسپاس‌و تشکر مریم رستگار

Table of contents

زندگی

زندگی چون روز است
و طلوعی و غروبی دارد
چو به نیمروز رسد
سایه ای نیست که‌بر طرف وجود طرح شود
سایه هائی ست که از قامت تو پاک شود
و بهنگام غروب سایه هایست بلند
که به ناگاه دم از بزم جهان محو شود
سایه ها چون بت رعنا که ترا از خود خود دور کند
تو و اینک روز است
و در آن خورشیدی
بر بلندای بلند قامت
محو کن سایه هر بُت از خود
مهر آفتاب‌وجودت بر خود
تا که در روز تداوم یابی

مرز پُر گُهر دا نائی ها

من ا زاین سوی‌آیم   تو از آن سوی بیا
من و تو   هردو اسیریم   بیا
به سر مرز پراز گُهر دانائی ها
به سر مرز پر از جاذبه راز فراگیریها
مرز ی که خط شکسته است همه جا
وعده دیدن ما هست آنجا
قدمت   بر چشمم
توبیا خاک رهت   سرمه چشم گردانم
دستهایت چه قوی
دستهایم چه ضعیف
دستهایم که پر از نذر و نیاز   طلب دیدن تست
من فدای تو   بیا دستم گیر
دستهایت   بوسم

من و تو هر دو اسیر یم
من اسیرم به راهی معلوم
تو اسیری به ره نا معلوم
شایدم برعکس است
من اسیرم به‌راهی ممکن
تو اسیری به رهی نا ممکن
شایدم جز این   هست
تو اسیری به باورهایت
من اسیرم به باورهایم
من و تو هر دو اسیریم   عزیز

تو گمان می کنی
اینک اینجا این من
برده سخت اسیرم به افکار غریب
یک احمق در دل جهل مرکب غریق
که جدا از راهم و یکی گمراهم
و تو در نورفضای لاهوت
با ملائک سر خود گرم کنی
یا به افسانه صد رنگ کهن
دل خود گرم کنی

من دلم میسوزد
وقتی بینم که تو در تاریکی
نور در چند قدمی
و تو آن را نتوانی دیدن
من دلم میسوزد
وقتی بینم که تو بیماری
و درمان این جاست
و به گوش ات نرود خواب آنجاست
زین سبب هست
که فریاد زنم نور این جا ست
که درمان اینجاست
گر چه آشفته ز فریاد منی
دوستت دارم دوستت دارم
زین سبب هست که فریاد کنم
میدانم میدانم
تو برآشفتی سخت از هیاهوی تب بی تابم
من دلم می خواهد تو را بر دوش نشانم
تا تو هم نور به پهنای وجودت تابد
تا ببینی درمان

من بسویت همه جا پر گیرم
تا که در خدمت تو جا گیرم

من از این سو آیم تو از آن سوی بیا
سر مرز ممکن مرز پر گوهر دانائی ها
سر مرز پر از جاذبه راز فراگیری ها
وعده دیدار است

تو بیا
سر راه
بگذری از سر مرز ممنوع
بی خطر هست نترس ا زجادو
گر ببندد راهت
ره گشا از هر سو
چون گذشتی دانی
دم دروازه شهر
یک شبح هست مترسک گونه
کمتر ا ز حد مترسک باشد
تو نترس زود بیا

چون رسید یم به سر مرز عبور ممکن
همه‌جا هست خطوط ممکن
همه چیز مقدور است
آری آن مرز که خط های وجودش همه‌جا بشکسته
و مه آلود سیه ابر توهم
همه‌الیاف وجودش ز هم بگسسته
آسمان نوردگر بر تو و من بخشاید
ودر آنجا تو و من
بسر مرز پرازگوهر دانائی ها
و در آن خلوت تن هائیها

همه تن ها رها از تن ها
با نیازی به راز همه دانائی ها
در هوائی روشن
لحظه ائی
می نشینیم با هم به تماشای جنون مجنون
به تماشای جنون یک بید
که رها در دل هر باد پی عشق دوید
جرات آزادی و رها از تن را میتوان در او دید
می نشینیم تماشای حدیث گل سرخ
که چه شبها ی سیه را بدوید تا دم صبح
غنچه هایست که روئیده ز خون دل سرخ
گرچه بر پوست تن اش خار هزاران تیغ است
می نشینیم تماشای شکوفائی گلهای پر از راز نوید
و شکوفائی گل های امید
عطر نسرین و نسیم خو شبو
میوزد از دم دشمن یا دوست
وه چه زیباست توان دیدن دشمن چون دوست
و چه زیباست توان دیدن دشمن با دوست
لذت دیدن گفتار دو دشمن چون دوست
گوئیا خار به میخانه شد و خون دلش عطر بریخت
گل سرخ بر دل خار سیر و سلوکش آمیخت
بدل سنگ هنوز دُر حقیقت باقیست
و هنوزم رودی در کویر برهوتی جاریست
میگذاریم به تصویر همه ابعاد وجود
میکشانیم به تحلیل به بُعدی موجود
تا ببینیم حقیقت چون و بیآبیم که حل اش چون است
و کدامین بهتر و کدامین کِهتر و کدام ممکن هست

آری آنجاست
دو رود

شاید هردو
شایدم یک زان دو
رودی سرشار ز شِن ز کویر برهوت
که هوا را ز غمش سرخ نمود
آنگه آنجا من و تو
غرقه به خون سرخش
غم مردم بینیم
درد خود میدانیم
مهلتی هست پی چاره رویم
سدی از جنگل سبزی سازیم
سد سبزی که سر راه ببندد به عبور شن ها
طپش سرخ رگش در دل جنگل تنها
خون سرخش به دل سبزه رود عطر آگین
نه درون نفس مردم بیچاره‌رود سل آگین
خون دل از دل شهر دور شود
سد سبزی به حصار شهری حرم سبز شود
سرزمینی آباد عبادتگاه است همه جا سبز شود
و در آنجا توو من در حریم حرم یک دیدار
هر دو راهی به هدف نقب زنیم
نه به خود تیر غم و درد زنیم
شاید از جهل مرکب برهانی من را
شاید از سایه جهلی برهانی خود را

به سر مرز ندانم کاری
راه سخت است تو هم میدانی
ما سرانجام بیآ بیم راهی
گذریم با شادی
هر دومان از قفس آزاد شویم
هر دو از بند توهم رسته و آباد شویم
و اگر جز این بود

هر دو خوشحال ز دیدار شویم
این هم از برکت دیدار تو ممکن گردد

شاید آنجاست
دو رود
شاید هم یک ز ان دو
رودی سرشار ز نور
بدود در دل تاریکی ها
من و تو در دل آن رود گران
غسل واجب داریم
بتوان تن ز ملالت شوئیم
متبلور گردیم
و در آن میکده شب را به سحر سر آریم
بسر صبح طلوع رویت
به نمازی واجب
سجده برقبله روی تو نمازی دارم
هر دو خو شحال ز دیدار یقین
آسمان نور دگر بر تو و من بخشاید
هر دو روشن گردیم
هر دو از بند اسارت آزاد
هر دو با هم زقفس رسته و آزاد شویم

من از این سو آیم تو از آن سوی بیا
بفدای تو قدم رنجه نما پیش بیا
من که مشتاق زیارت هستم
پر پرواز بسویت گیرم
من فدای تو بیا دستم گیر
دستهایت بوسم پایت بوسم
وعده دیدن ما
به سر مرز پرازگوهر دانائی ها

به سر مرز فراگیریها
سر آن مرز که خط اش همه جا بشکسته
وعده دیدار است
وقت‌تنگ است دیر نکن زود بیا

بودن و نبودن

حکایت از نبودن ها و بودن هاست
تو پنداری جهان ناپایدار است
و دور این زمان هم بی دوام است
دوام زندگی نقشی بر آبست
دریغا سخت مغشوشیو مشغولی
که نظم اش را نمی بینی
درون سلسله
صد حلقه های این تسلسل را نمی‌بینی
و یا آنرا نمیدانی

نگه کن نیک بنگر
د رجهان چیزی تبه هرگزنمی گردد
دگرگونیست در این جا
به گیسو ی پریشانی نگر
پریشانی زلفان پریشان را به بین ای یار
به هنگام پریشانی مشوّش هست
ولی دربطن ذاتش بازهم نظم است
حکایت ا زثبات و بی ثباتی هاست
حکایت از قرار و بی قراری هاست
حکایت از تداوم بی دوامی هاست
حکایت از نبودن ها و بودن هاست

به گیسوهای خود بنگر
گهی کوته دگر گه با زروید
گهی مشکین زمانی با زمان بیرنگ میگردد
سیاهی ها سپیدی را بدنبال است

و باز هم دل
درون پیش وخم هایش پریشان است

چو نیکو بنگری بینی
ثبات و بی ثباتی‌جهان بر تار هر موئی
و گیسو خود نشانی ا زدگر گونی
توان تاب بودن را به هر تابی
نمائی ا ز هم آهنگی به پیچ تار هر موی
تو در گردش
دررویش
دردگر گونی
سیه گیسوپریشانی بمانی
چو میهمانی نمی مانی
چو بی تابی نمی تابی
و قدر بودن و بودن نمیدانی نمیدانی

بیا و نیک بنگر
سلسله زنجیر وار می آید
تو در یک سوی این زنجیر پیدا
و دیگر سوی ناپیدا
جهان ثابت
وجودت جاودان
و روز بیدوام زندگی دائم
تودر گردش
جهان در گردش است ای یار
و دوراین زمان در گردش است ای یار
و چون گیسو سیاه و پیچ در پیچ
دگرگونی جسمت پیچ در پیچ
و هم چون رویش مویت
بریده گیسوان باز هم هما ن گیسو است

اگر با ما نمیباشد   نشان از نیستن نیست
و این پایان هستی نیست
نبودن ها   نشان از نیستن نیست
و بودن ها   نشان از هستی ما هم نمی باشد

عزیزم نازنینم
نشانی ا زخودت   از بینش ات   در این جهان بگذار
که تا درسینه این مردمان جاوید مانی
دگرگونی   جسمت را پذیرا باش
مرگ هم   یک دگرگونی است
نبودن ها نشان ا زنیستن نیست

تولدت مبارک

هر صبح در آینه نگاه
به خودت صبح بخیر بگو
دوستت دارم بخودت بارها بگو
هر رو زتولد تو هست
ز چه رو سال انتظار
هر روز به بهاررُخت تو سلام گوی
امروز تولد تو هست
تولدت مبارک
تولدت مبارک به خودت باز هم بگو
هر روز در آینه نگاه
به چشمان خود نگر
یک بوسه از لبان
به دل خو دحواله کن
دوستت دارم
دوستت دارم به خودت بارها بگو
هر روز تولد تو هست
هر لحظه جشن گیر
اینک بهارنگاهش نگاه تست
از چشم تو بهاران شکوفه جُست
نیکو ببین بهار در نگاه تست
باز هم بگو
دوست دارم مبارک تولد من است
دوستت دارم بخودت باز هم بگو

پارچه پیرهن

پارچه پیرهنی بر تن من می پوسید
و سپس پاره بشد
کهنگی را ز تنش بیرون کرد
کهنگی چون گرگی که پی بره برفت
رفت و آخر طمعه را سخت درید
وه چه راحت به زمان تسلیم اند
او به سودی که بداده است به مردم قانع
عاقبت ذره شدو جانب اصلش بشتافت
همچنان پارچه در بعد زمان من و او فرسودیم
او ز تن کهنگی خویش درید
من به تن کهنه عبث پائیدم
اعتقادی است باوری هست عبث پو سیده
من درون تن خود
کهنگی را چه عبث مایه هستی دیدم
من ز خود پوسیدم وه فنا را چه عبث برچیدم
او بیآموخت به من
ره و رسمی که رها از تن بود
رسم از خود رفتن
دل سپردن به هوائی تازه و عبوری تازه
کهنگی را ز تن خویش برون آوردن
از درون تن خود بافت فنا بر چیدن
من ز تن رسم فنا برچیدم
کهنگی را ز سرم بر چیدم
من رها از دل تاریکی ها
جانب اصل خودم گردیدم

خط شکسته

خطتش شکسته بود
یا خط شکن
با چند حرف
گسترده بود صد افق باز باز را
خط شکسته بود
در انعطاف بود
نان را شکسته بود
با قامتی خمید ه و زیبا
از قیدو بند این همه اعداد رسته بود
من را شکسته بود
در خود نشسته بود
چون طاق نصرتی
به پیروزی اش عجین
دستی به ناز
چو پرواز رحمتی
چون سایه بر سر دگرانش نشسته بود
قامت برقص
در پیچ و تاب هم
خطها به انعطاف
با هم نشسته بود
گویا که اتحاد
بر آن دام بسته بود

آنسوی جاده بدیدم هزار حرف
هزار خط گسترده بین دو نقطه
یک خط مستقیم صف را گزیده

به تفریق فرق ها
اجسام هندسی
بیروح
و خطی طویل بود
گوئی به انتظار علف
بزها ی سر بزیر
چون بره گان
صف آرام بسته اند
در یک سکون هر لحظه مرگ
هر روز مرگ
صفها به امتداد مرگ
پایان خط یک نقطه بود
این بود زندگی

آن سر به دار
خط را شکست
بر طاق هر ورق بالا نشست
خود نیز خط شکسته شد
خط ا ش شکسته شد
زیباتر از همیشه
رقصی میان دستی کنار
محراب بسته شد
هر جای گام او
هر لحظه یاد او مهر نماز شد
بر قامت شکسته اش ستایش نماز شد
رقصی چنان
شد جلوه گاه شد قبله گاه
سر را بلند به دار
خط شکسته بی نقطه تا ابد
او ماندگار شد

خط شکسته یک طریقه نوشتن در زبان فارسی می باشد
که نویسنده خود را ملزم به پیروی از فرمولها و قواعدی که
در نوشتن به او آموخته اند نمینماید
نویسنده خط شخصاً و آزادانه هنرو استعداد خویش را
در شیوه نوشتن بکار میبرد .این نوع نوشتار زیبائی
خاص خودش را دارد .
بیاد هنرمند خطاط مبارز که ازخطوط منجمد گریخت و
قواعد بی قاعده حاکم بر جامعه را نپذیرفت و بدستور
حاکمان جمهوری اسلامی ایران اعدام شد .
او خط شکسته را زیبامی نوشت .
آن عزیزخطاط انگار زندگی کردن را همانند هنر خطاطی
وزندگی را زیباتر از تکرار مکررات میدید .پیرو ی‌از فرمول
همیشه تکرار بوسیله همگان را پشت سر گذارد و زیباترین
نحوه زندگی را بر گزید .
یادش همیشه گرامی .

پند

پند شاخه نوریست ز لب یار
به سپیدار تن ات تاب خورد
بر تن ات دُر گهر بار شود
به لبت نور گوهر می آرد
با تو همزاد شود
این همان دوست بود
در تو و جفت تو هست
پند یاران همه جا با تو هست
گوهری هست تو بدندان گیری
باده از جام وجودت گیری
چونکه تابیده شود به چراغی ماند
از پس باغ بلوغ سر برون می آرد
هم چو مهتاب به تاریک دلت میتابد
روسپیدت زته چاه بدر میآ رد
ببرد تب ز تن بی تاب ات
خطر از خویشتن ات دور کند
در ره باغ‌مثل های جهان
یک سبد پند بچین
توی جیبت همه را پنهان کن
دُر به جانت باید
پندها
روزگاری بکارت آید

دوست

آنچه در ذهن تو شاید گذرد
از یک دوست
دوست باید که باشد همزاد
با توش جفت شود
که چنین می باشد
صبر کن تا که به تصویر کشم
رخ زیبایت را
تو ببینی او را

آنچه در ذهن تو شاید گذرد
از یک دوست
دوست باید که همسان
نیمه‌گمشده ات
خارج از تو که بتو جفت شود
که رهائی یابی از همه تنهائی

تو یکی یک دانه
یک همیشه تنها
نیمه ای نیست بکار
یک فقط یک باشد
تو همیشه تنها
تو همیشه با خود

آنچه در دور و برت میگذرد
نقش هایست که ا ثر بگذارد

در میسر هر روز
هرکس از ظن خودش یارتو شد
در ضمیر تو که غوغا بر پاست او نمیداند
او نمیداند و ما نیز
و شاید تو نیز

تو اگر طالب یاری به تو عاشق و ترا درک کند
نگهی کن بر خود
نگهی بر خود ی خویشتن ات
که ترا می خواهدو نفهمید تو چی می خواهی
گرخود حیرانی که ندانی ز جهان چی خواهی
پس چگونه یاری
که بفهمد که تو چی می خواهی

کاوشی کن در خود
گر تو خود خویشتن ات را یابی
نیمه گمشده را
در خود خود دریابی
این همان دوست تو هست
این همان نیمه تست
رخ زیبایت را تو در آئینه دو صد زیبا بین

فقرو ننگ

آنسو ی سکه یک فقر سبکبالی هست
دل به دریا زدن و رفتن و آزادی هست
آنسوی سکه ثروت چه طمع کاری هست
خود اسیری و نشستن به اسارت ها هست
ثروت و نام ز جهان گذران مد نظر
نام تبلیغی مردان به جهان ننگی هست
بی گمان ننگی نامی که به شوق تبلیغ
کو س رسوائی مردان یقین نامی هست
آرزو نیست به مردان جهان از بر ننگ یا فقرش
که‌برند نامی و مالی چه سبکبالی هست
آرزوئیست به دل مردم از برکت ثروت یا نام
ببرند مالی و نامی چه گرانباری هست

ساعت

ساعت از کار بماند
و هنوزم آنجاست
ساعت رفته به خواب
دگرش کار به ایام نمانده است به کار
چو در آن ساعت موعود ز رفتن میماند
به ابد می پیوست
رشته کار بدست من وتو بسپرده
اینک این تو و هنوز باقی راه
و هنوزم‌لختی ز حقایق باقی است
این تو و این دم اکنون برخیز
باقی راه سراسر خواب است

گنج

تمام عمر کوشیدم تا گنجی بدست آرم
شنیدستم که گنج درکُنج ویرانه است
به‌هر ویرانه رفتم تا بیابم گنج
خاک را کَندم
از هستی از عمر گرد و غباری در هوا کردم
ز ایّامی که بر باد فلک دادم
ببین خاکسترهستی بپا کردم
ز خاک تیره چشمم سوزتر
به هر لحظه دو چشمم تنگ تر
و دیده دیدگانم گشت محدود تر
بلورین اشک من بر گونه های سر بلندی ها
چه خاکستر نشین سرنگونی بود
و غمگین در وداع جان‌ز من
خودسوگوار مرگ خود میبود

فضا آلوده ازگرد و غبار
هوا را سخت مسلّول میکرد
هوا نیز سرفه اش
به تار نای من‌چنگ میزدو نق میزد وخون جگر میخواست
تکاپوی فلاکت بار سخت‌کوشا
بر خاک‌خراباتش
دمادم از جگر خون ریخت ویرانگر

شبانگاهان
تکیده در خرابات
در خاک یک ویران سرا

جسمی دستم را در نوازش بود
یک کاسه سر بود

به من گفتا
چرا این جا درون خاک این ویرانه میگردی
به او گفتم که گنجی آرزو دارم
و دنبالش همه خاک زمین را جستجو دارم

نگاهی خیره‌خیره بُهت در چشمان
به من گفتا
کوری یا که بینائی
به او گفتم
که بینایم کنون چشمم ز خاک‌این زمین آلوده دامن شد
به من گفتا
چشمانت عمریست خاکستر نشین کوی‌و برزن شد
به چشمانت بصیرت بینشی را آرزو دارم

ازم پرسید
دانائی یا که نادانی
گفتم
دانایم و هرگز در گمان من نبود چیزی نمیدانم
به من گفتا
گمان کردم که کوری تو
ولی اکنون عیان بینم که نادانی
برای گنبد خالی مغزت عقل و منطق آرزو دارم

سکوتی خلوت مارا ز آرامش تهی میکرد
پریشان نبض من تن را ز بارخود خبر میکرد
سراز دستم جدا میشد
سپس آرام دور شد گوشه ا ی‌ایستاد

خرابه دور من   من دور سر گشتم
چنان گوئی که عمری بود می گشتم
گمان عمریست   من دور خودم گشتم
هزاران دیده ی خیره بروی چشم خود گشتم
نگاهی خیره‌تر بر من
و سر در گوشه ای من را نگه میکرد

به من گفتا
گنجی را که دنبالش   جهانی زیرو رو داری
بصیرت   بینش و   دانائی است
آیا   خبر داری
به کانون گُهر نادیدگان   گوهر نمی یابی
و تا نور گهر بار بصیرت را   نشناسی نمی بینی
برو ازگرد و خاک این جهان
چشمان خود بر شوی
ببینی راه هر گنجی   که در دل آرزو داری
دمی لختی تفکر
نیک اندیش
نیک خواهی دید
بصیرت خود چراغ روشن هستی و گنج این جهان باشد
به دانائی
به بینش
چراغی‌ازبصیرت‌برفروزی
وبرآن گنج‌هستی‌راه‌یابی
بصیرت‌خود چراغ راه هرگنجی   و خود گنج جهان‌باشد
سکوتی   در فضای خلوت اندیشه ما بود

به من گفتا
نگه کن بر بلند آسمان اکنون
پر پرواز   بگشای

گنج در راه تو میباشد

ز شب چشمان خود شستم
نگه کردم به بالای بلند آسمان
دیدم نوری در خرابات است
خویشتن را دیدم
به سوی دیگرم سر بود
درون تاجی از فرزانگی آزادگی بود
نور با او بود
خم شدم سر از زمین برداشتم
گردنم را در درون‌سر نهادم
از خرابه دور گشتم
راه روشن بود
نوائی از خرابه گوش من‌را درنوازش بود
برگشتم نگه کردم
خرابه خلوتی متروک
گوئی مکان هفت هزاران سالگان خفته
صدا آرام میگفت
که گنج این جهان ازآن تست یارا
سر با من بود
گنج با من بود
رهائی بود
چشمم باز و روشن بود
خون جگر در خاک مدفون بود
کنون گنج است با من
من گنج ر ایافتم
چرا من بی خبر گِرد جهان بودم
بدنبال کدامین گنج خاکستر نشین عمر خود بودم
بصیرت گنج این دنیاست با ماست

نیلوفر

گل خواب
گل تقدیس
گل آرامش جاوید
گل مهر تابان
گرچه پابند زمین
هر پرش پُر ز هوای پرواز
رو به سوی نور است
تا که خورشید به دامن گیرد
رنگ هستی به‌تاج سر خود برگیرد
گل نیلوفر گل آرامش جاوید ان است
خاک با ا هل نظر سرمه بینایان است
پنجه خاک به دامان تو دست آلوده است
همه خاک‌جهان پای تورا بوسیده است
تا که دیده است
بلندای سرت را بر اوج
جام صهبا در موج
گنج آرامش جاوید به دل
گل که پُربود ز پرواز به میل
صبح ها دامن مخمل بر تن
ارمغانی ز هزاران نیلی جامها سرخابی
چون ستاره به سر بزم محبت سازی
میکنند رقص به صد طنازی
برگها وارسته
سبز ها ی به صفا آراسته
عرش اعلا به زمین می آرد
گل بروی قدمت میبارد

نیلوفر
گل مهر
گل آرامش جاوید
پیچکی باز   به تن شاخه خشک
عیب پوش همه عالم چون مُشک
شد تن پوش به اعجاب گیاه مهری
در امان ازنگه نامحرم پیکر عریانی
بی توقع به ایثار محبت جاری
این چنین شد گل تقدیس به مهرو یاری
بی توقع بکند مهر نثار
گل و برگی است که بپوشد تن خشک هر تار
ز سر وپای خودش دانه مهر
حاصل عمر به پای قدم خود ریزد
تا   ز خود رستن خود ساز کند
ز دل دام رهد ره به فلک باز کند
و ز خود روید و عشق تو به آواز کند
تا بروید ز خاک قدمش مهر گیاه
پر پرواز زند   اوج رود تا سر ماه
به سر بزم کشد دامن رقص
جام می‌هست به دست
طبع بالا و   بلند ش سر صهبا سرمست
میرود تا بدهد جام می   دست به دست
ساقی بزم محبت   ببرد دل از دست
گل جاوید گل نیلوفر من   یک گل هست

نور باشیم

کنون دستی است میخواند ترا هر دم براه صبح
کنون عشقی است می پاشد ستون مهر بر راهت
کنون رسمی است تا بودن شدن تا مرز پروازت
بیااکنون‌زمان اوج پرواز است وقت‌آرمیدن‌نیست
بیا بگذر ز مرز بودن اکنون
شدن را در ضمیر خویش بنشان
ستون نور بر راه تو میتابد
ستون نور در راه تو می باشد
غبار مهر اندام تر ا پوشد
بیا از بذر خورشیدی که در جسم تو میباشد
به صبح نور پیوندیم
نور گردیم نور باشیم نور پاشیم
بیا اکنون زمان آرمیدن نیست
بیا اکنون ره این عافیت باز است
سراسر شوق رفتن شو
برو تا ماوراء خویش
و از خو دبهترین های خودت رادر جهان بنشان
بیا تا نور گردیم نور باشیم نور پاشیم
بیا اکنون زمان آرمیدن نیست
بیا اکنون
دستی است میخواند ترا با نام
تو تو آری تو

ویلن و سبز بانو

روزی چند بار بمن میگفتی
من چنان ساز چنان تار
چو آنتیک ویلون می باشم
یک کسی می باید
دست نازش بکشد بر سر من
و مرا ساز کند و مرا کوک کند
بنوازد آنگه
تو ببینی
جذبه سِحر وجودم همه را جذب کند

من ترا میدیدم
تو چنان‌تار امیدی بودی
ویلون می ماندی
کاسه اشباع شده از امیدی
بال ا شباع شده از خواهش محض
دستهائی که پر از تنهائی
و چشمی در راه که بدرگاه نگه می چرخد
تا
همچنانی که ترا ساخته اند
اینک آیند و ترا بنوازند
تا که سِحر آهنگ همه را جذب کند
و از اینرو تنها
و از این دست غمین
کاسه تن که پر از اندوه است
از درون می کاهی
به برون می تابی

یک زمانی است
که باید تو بیاندیشی
هم چو برگ سبزی
سبز هائی که رها در بادند
سبز بانو سر بلند
چه ملایم چه مداوم
بی توقع بی حدّ
در نوازش به بر باد رها میگردد
خنک آن باد بسوی تو چه آرام آرد
سایه را می بخشد
می نوازد آرام
و مهم نیست
چه کس گوش به آوای صدا میدارد
وچه کس جذب صدا میگردد
وکجا سحر صدا جادوئی است
او طنین آهنگ می نوازد آرام
می نوازد در باد
می سپارد به باد

سبز بانو رها در باد است
تو چرا در بندی
سازی دست غمی
بند تاری به دلی
یا که سازی به ابد منتظری

که نوازند ترا
و تو آرام بگیری بغلی
تا رهائی بپذیری تو دمی

نگهی کن به برگ سبزی
سبز بانو بسر بالائی
سبزه از سبز تن اش می بارد
سبزه ای در ره تو میکارد
گوش کن
بشنو آهنگ صدای نازش
به چه خوش می خواند
به توهم می گوید
تو رها شو از بند
تو رها شو در باد
که بهر جا گذری
سبزه ای بنشانی
دست تنها بکاری گماری
غم تن از تن تنها بدر می آری
سبز شو

آنزمان
ویلون در باد است
دست پر بار تو ساز است در باد
به چه شادان چه خوش می رقصد
به چه تنها به جشن رها میرقصد
تن رها بند رهاتر رقصد
سبز شو

زرگر و خاک

زرگر که زر به بساطش نهفته دید
بر هر که دیده دوخت بجز زر دگر ندید
و انگه که خاک را به نظر زر ناب دید
بر خاک دستی برسم نوازش همی کشید
و آنگه به خاک وجودش نیاز دید
از خاک ناب به‌دو چشم توتیا کشید
و این توتیا به چشم روشن‌او نور دیده بود
از چشم گرد و غبار تیره دنیا بدور دید
و آنگه فضای جهان پر ز نور دید
جز زر به هر چه نگه کرد دگر ندید
گویا که جسم خاکی خود کیمیا نمود
و آنگه که ارزش زر را به خاک دید
پس زن غرو رخود که توان نقش خاک دید
وآن سو به زر رسیدن خود را مقام دید

نه کسی می آید

نه کسی می آید
نه کسی در بره بسته ما بگشاید
نه چراغی به شب تار نگه اندازد
نه‌کسی راز سرود دل تو می خواند
نه کسی بار ره این سفرت بر دارد
من و تو رهگذری تنهائیم
کوله باری که بدوشی تنهاست
چو ترا خسته کند خسته تر از خسته نه ائی
گر ترا وجد دهد شادترین شاد نه ائی
ابر هایست که در راه گذر می آیند
هر چه هست درد ل این راه گذر
روزگاریست که بر ما گذرد
این چنین است حدیث هستی
تو به جمع جانان جمع بی جمعانی

نه کسی می آید
این تو هستی که ز در می آئی
تو چراغی بسر راه‌گذر می داری
تو کلید ره این راه فرو بسته بدستت داری
پشت این در تو نگه میداری
این تو هستی که ز در می آئی
این تو هستی که به این راه گذر میداری
تکیه برغیر تکیه برباد عبث می باشد
تکیه بر منطق خود راه اثر می باشد
دست هائی که به زانو بستی
چشم هائی که ز غم بر بستی

دست هایست   که باید تو به زانو بزنی   برخیزی
چشم هائی است که‌باید ببیند   نور را در گذر تاریکی
تو و این راه گذر   سفرت خیر از این مرز گذر

اعداد

اعداد
ظاهراً وجه تفاوت ز صفراست تا نه
همه با هم به مداری معلوم
وه عجب شعبده بازی دارند
که ز صفر تا به نهایت
آتش گرمی بازار نگه میدارند
در بر آدمیان وجه تمایز دارند
گه به تفریق
گه به جمع تن ها
جمع تفریق و تفرق روا میدارند
کوی تفریق به سر منزل وحدت بارند
چونکه تقسیم شو یم
همه مان کم بشویم
جزٔ ناچیز شویم
قسمتی را که ز تقسیم بریم
بهره ای نیست که بَری ببریم
چون که آئینه شود صد پاره
جزٔ نا چیز شود بی مایه
چونکه یکتائی اعداد بهم جمع شوند
قدرتی هست به یکتائی جمع تا نشوند

بی صدا و آرام
همه اعداد چه مرموز برقصند با پول
یکزمان دل به دل ساز تو خوب میرقصند
یکزمان دست تهی غمزدگان هم ز فراغ اش ترسند
گه گهی طرح معمای به دست

گاهی هم شانس به اعجاب زند دست به دست
چونکه اعداد ز پس و پیش‌به ما ضربه زنند
عاشقان عددی در حرمش خیمه زنند
تا که حسرت بدل کمیتی بیشترند
پای بوس عددی تا به کمر خم شده اند
گاه در حسرت کمیت بالا و بلند دگران
نومیدانه بخود درد بلا و غم شده اند
در قیاس خود و غیر به حقارت سر تسلیم شده اند

وه که اعداد چه بازیگوشند
گاهی یک صفر
به بلندای دل قامت مرد
مُهری از نفی زند
گاهی یک صد به ظرافت
به ظریفی تن نازک زن
مُهر تائید زند
دو به یک مینازد
که من بیشترم
یک به دو میتازد
که من اول باشم
هشت و نه در گرو بازارند
یک زمان بیست بود نمره فهم
گاهی صد هست نهایت در فهم

همه اعداد به بازی مشغول
زوج ها یک طرف میدان اند
سخن از وحدت و با هم بودن
به تفخر که ما زوجینیم
زوج های عددی
زوج ها ئی به میان دفتر

چون نگه نیک کنی
تفرقه فرق سرشان
تاج داسی رنگی
وکمانی که پراز قوس وقزح
مار چمبر زده را میماند
قابل تقسیم اند
و چه راحت به دو نیمه گردند
نفی زوجیت خود
نفی وحدت به ثبت می آرند
آنطرف
فرد ها فردیت خویش نگه میدارند
چونکه تقسیم شوند
خط کسری به سر منزل خود میآرند
به فنا روی آرند
و عدم ساز کنند
گه بهنگام شکست
چونکه تقسیم به یک ذره شوند
روی تک بازی خود
عالمی را به تحیر آرند
نام خود را به حیاتی جاوید
قصه هائی ز بقا ثبت کنند

گرچه خوش یا ناخوش
همه جاسایه اعداد به سر
با تولد که به یک نمره مزین گرد یم
همه جا میپرسند که شماره چند است
گاهی هم میپرسند که شمارش چند است
گاهی دلخوش به بازی عدد مینازیم
سن من بیست و یک سال
گوئیا داشت فقط پانزده سال

نه من هنوز شصت ندارم بیشتر
گرچه شرمنده اعداد که هشتاد بیشتر
وای اگر صفر نشیند به راست عمرم
من زنم ناله گذشت از سر ما ایامم
گر بگویند که چهل سال توئی
من بر آ شفته بگویم که نه سی
گر بگویند که ماشین تو چهل میباشد
من بر آشفته بگویم که نه پنجاه بود
گوئیا بام سرم را دو هوا در بر بود
گرچه اعداد به کمیت خود هست پی گیر
ما هنوز در خم اعداد به بازی درگیر
کمیت کیفیت ما به ترازو دارد
تا اسیر عددی حد لیاقت به خودش کم دارد
این اسیر عددی راه خودش گم دارد
یا که در بزم لیاقت خود خود کم دارد

کیفیت پای بسر کل عدد می‌دارد
چونکه در ذات خودش نفس عمل میدارد
رنگ بیرنگ به اعدادجهان خوش زده است
کیفیت نقش خودش را چه زیبا زده است

گاهی اعداد به بازی چه بیرحم و چه بی انصافند
این که صفر است به چپ نامطلوب
گر نشیند به راست صد مطلوب
وه چه خوش صفر صفر صفر نشیند براست اعداد
که برم بیشترین سود از اموال و منال
وای چه بد صفر صفر صفر نشیند براست اعداد
من دهم هستی خودرا و همه مال و منال

و گهی بر رخ یار تو دو صد دیده بدوزی
واگر یار به هیچت نشمارد تو بسوزی
گاهی اندازه پستان که مطلوب نظربازان است
عددش هوش ربا میگردد
نگهی بر کمر یار که باریک ببود
دلربا میگردد
وه که ساق سیمین

خوش تراش چو شراب شیرین بود
و ز سر هوش چه آسان بربود
گوئیا مزه اعداد نشست بر بر جام
آنچنان هوش رباید که رود می از یاد
نظم اعداد زند تیر خدنگی بر جان
آنچنان مست سلامی به سلامت گویان
بهتر از باده نابو صف عیاران است
بردن هوش ز سر قسمت مهرویان است

دیر زمانیست که اعداد میان میدان
ساقیند سرور و سلطان به بزم یاران
نظم اعداد فکند مِی در بام
و چه راحت بکشد دل در دام
آنزمان مزه اعداد نشست در بر می
آنچنان برد دل ا ز دست که نپرسند ز می
عاشقان عاشق اعداد شدند
ساقی و می ز دو سو هر دو بر باد شدند
وای که اعدادچه بساطی دارند
کمیت مطربی مجلس دکان دارد
و هنوزم که هنوز
کیفیت برتری مجلس جانان دارد
ساقی عشق توان هستی تاج سرمیدارد

ضرب اعداد به ضریبی بی حد   سوز وسازی دارد
جمع مهر یاران به سرو روی گل اش گل بارد
گرچه درپیچ و خم بازی اعداد   دلی خوش داریم
ما اسیریم به اعداد و خودی کم داریم
شود آیا گذریم   از سر اعداد زبان بسته   خشک
بزنیم ساغر مستی   به صلاگوئی یاران چون مُشک

آخرین نشانه

به رو سیاهی شبان بی کسی
درون هر اجاق پُر تهی
که بی نشان ز شعله های مِهر هست
دلی ز مِهر گرم
به آتش درون تن
بهر دمی که آه هر نفس رود
لهیب گرم یک تنور
به یک شب سمور
به وصله های دست ما
هزار روزن خراب پُر
و خانه امید دیگری
بروی صد خراب ناامید بنا کنیم
به سوز و ساز آه آخرین هم شده
شرار های سرکش شکوه عشق را
به معبد وجود دیگران دمیم
چراغ پیه سوز معبدی که سُوت و کور گشت
دو باره روشنی دهیم
بیا هنوز هم امید بر دمیدنی
بیا هنوز هم وجود دیگری
نیازمند شعله های سرکش دل توهست
اگر چه آخرین‌ترین شعله های تو
شود به قامتی‌دگر بلند نشانه های تو
که آخرین نشانه های ماست
و این رسالت من و تو در جهان ماست

در طلب آزادی

چونکه خواهش
به دو صد سیل هجوم
پل بی منطق قانون
ز بند را بشکست
تهمت بار گناه روی دامن بنشست
این دیگر خواهش بود
که لبانش ز گفتن بر بست
آنگه تقدیس خدایان فریب
شکمی پُر و ز گفتن پُر گشت
جای آن راز درون
راز هستی
حس خوب بودن
عقده ها بود
که به سرکوب حقایق بنشست
مردم آنجا همگی
زهر سانسور چه آسان خوردند

آری آنجا همگی
دل خود را
به زیر دندان که جویدند خوردند
خود جدا گشته ز هر آزادی
همگی پس بزدند آزادی
بره‌وار دورشد از آزادی
سایه شوم گنه را که گناهی نبود
روی بام گستردند
در عجیب‌آبادی
همگی افسردند

بدرون خانه که غریب آباد ست
آنکه در آینه دیدی و نگه کرد بتو
وای .... چه نامحرم بود
ما جدا مانده ز هر عقل خِردمندانه
دمبدم سایه وحشت همه جا با ما بود
زیر ابرسیه مطلق رنگ و تزویر
درس تلقین قواعد ممتد
روی سر خاک سیاه ماتم
ما جد امانده ز هر بار خِرد
زیر باران خیالات و سخن های دروغ
مغز را آلودیم
زهر سانسور به جانش بردیم
ما به آغاز جهان خود خود سوزاندیم

اینک این ما طلب آزادی
سوخته جانی است
که در بند اسارت باقی
به اسارت معتاد
بذر تلخی است که بر دشت و دمن افشاندیم
این غذائی است به کبوتر دادیم

اینک این ما طلب آزادی
ریشه قصه چنین بود
چه شد آزادی
رفت و گم گشت دگر آزادی
و چرا نیست رهائی با ما

گل رُز

گل رُز در گلدان روی میز بنشسته
همچو تاج شاهی که بسر بنشسته
صحن آرای جهانت گشته
طرّب و شادی عشق است نثار
و تو از لذت دیدار وجودش سرشار

وه چه راحت
ایثارکند هستی خود
و پراکند هم دارائی خود
هرچه باراست که در توش وتوان میدارد
همه هستی که درشیره جانش دارد
همه زیبائی خود را
همه گلبرگ دلش
برفکند ست به سر هر راهی
که‌تو شاید گذری گهگاهی
پای بر گلبرگ دلش بگذاری

نگهم خیره به ایثار چه بی پروا هست
لول وش پیراهن خو یش دردبر تن مست
خشت خام و پخته زیر بال برگ است
کوره تجربه عشق گذرعطر گل است
بوی عطری که در ذاّت خودش‌میدارد
عطر دل را فکند در بامت
با صفا تر بکند ماوایت

پختگی خود به قوام برگ‌گلش

تاج گلبرگ شده پختگی اش
تجربه تیرگی‌پخته به رخسار زند
عطر دل را به سر بام جهان خوب زند
گوئیا مرگ فنا را به سر دار زند
وقوامی که در بُعد زمان جاری هست
پختگی ها به جهان باقی هست

ایستاده گل رُز بر صحنه
بکند خم سر خود بر سینه
از تواضع از بزرگی جلائی دیده
رسم و آئین تواضع ز بزرگان چیده
می پذیرد آسان
رفتن ومرگ‌و فنای تن خویش
به زمین مینهد او صورت خویش
از جهان وه چه سبک بار نگه بردارد
قامت ایستاده بمیرد و بماندبه جهان
عطردل را بگذارد به در و بام جهان

مرگ در جمع عزیزان
همچون گلهای گل رُز
قامت ایستاده میمیرد و میماند باز
خبر از مرگ بزرگان بدهد
در جهانی که زمان بر آن نیست
او نمیرد و بماند به جهان
گل رُز است عزیز جانان

ماه

و دیشب خواب دیدم
بسوی آسمان رفتم
کنار ماه بنشستم   و با او گفتگو کردم

به او گفتم که تو زیباترین نوری در شبها
تو میدانی بزرگی سروری   در این بلند آسمان تنها
و تو
تنها نشان از نور   در شبهای تاریکی
همه چشمی به تو دارند
همه خیلی ترا هم   دوست دارند
همه   هر جا ز تو   صحبت همی دارند
چرا یاری نمی گیری
چرا همتا نمی گیری
نگه کن بر ستاره
همه دور تو میگردند
و تو   تنها نشینی
تو از عالم جدا باشی
نمیدانم در این عالم   چه می خواهی چه میجوئی

ماه خندید و گفت
نمیدانم چرا این راه را پیمودی
نمیدانم چرا   درچشم تو   زیباترین باشم
نمیدانم   چرا چشم همه   خیره بروی من
ولی دانم که تنهایم
و تنهائی خود را دوست میدارم
جهان چیزی برایم کم نداشت

زیاده خواه چرا باشم
من از هستی همین دارم همین خواهم
همین بس است

به او گفتم
اگر تو همسری را میگزیدی
و تعدادی مثّال خویش میدادی به این دنیا
سپس تنها ترین تنها
در این شبها نمی بودی
نبود تاریکی‌شبها به دوش تو
ستاره‌بس فراوان است
و تو تنهای تنهائی

ماه گفتا نیک بنگر
ستاره بس فراوان است
ستاره با ستاره همسر و همراه بوده است
کدامین زاده اش همتای ا وباشد
حسابی نیست بر هستی
و میدانی تو هم هرگز نمی یابی مثّال خود
و ما هریک یکی یک دانه می باشیم
همه تنهای تنهائیم

به او گفتم
دلت هرگز نمی خوا هد
که حرف و گفتگوئی با کسی
گاهی ز خود گفتن
گهی ا زدیگری پرسی
چه حالی و چه احوالی
چه اندیشه چه رویائی
کدامین سر کدام سودا بسر دارند

ماه گفتا
اگر از دیگری پرسی و یا هرگز نپرسی
همیشه حرف بسیار است
بدون پرسشی یابی معما را
و حر فهای که تکرا ر است
نه یک نو آ وری در این همه بحث و جدّل باشد
نه تغییری همه یکسان
و پنداری
که جیر جیرک نوائی‌میکند آغاز
گهی اتلاف وقت است
گهی سر در کمند است
و منهم خود مثّال دیگران
حرفهای تکراری
درونم جیرجیرک یک نوا را میکند آغاز
فقط تکرار میداند
نپرسیده تو دانی‌شرح و پایان وقایع را
اگر اند یشه داری
درون فکر خود تو پیشه داری
نشستن دور بهتر
که شاید یک تفاوت بشنوی یارا
و آنگه نیک تر بینی
چرا هرگز نیآمو زند از سختیهای تکراری
تو شاید کاشفی باشی در این عالم
بیابی راه حل تازه ای
و بر خوانی سرود تازه ای
بر خلق عادتهای تکراری دیرینه
که تا شاید بیآموزند

به او گفتم
نمی خواهی تو هرگز دست گرمی را

و لطف و مهربانی را ز یک عشقی
نوازش در درون بستری
بوس و کناری و هم آغوشی

ماه گفتا
بله من دوست میدارم
نوازش مهربانی و هم آغوشی
من از نا مهر بانیها گریزم از همه دنیا
ره دوری گزیدم من
و در این جا به تنهائی نشستم
چرا در مهربانیها تداوم را نمی دیدم
و از تزویر یاران در نهایت سخت آموختم
که تنهائی‌شیرین تر ز مکّرو حیله عشاق بی عشق است
و آسان دیده ام با دیدگان خود
همه صبح دروغین را
مکدر میکند افکار و ذهن و خاطر من را
که تنهائی بسی شیرین تر از صبح دروغین است

به او گفتم
که میگویند تو نوری از خودت هرگز نمیداری
هم نوری که با تو هست از خورشید میگیری
به من گفتا
بلی آری چنین باشد
همیشه نور بر جسم میتابد
وآنگه تو توان دیدنش داری
دگر گون است جذ ب نور در اجسام
مهمتر انعکاس نور میباشد
نیک بنگر
کدامین جسم نور ر امیگیرد
مهم این است

کدامین جسم نور را میگیرد و می بخشد
فقط آئینه با آن قلب شفافش
توان دار د که سهمی را که میگیرد ببخشاید
من آن جسمم که نور بسیار میگیرم
من آن آئینه پاکم که نور از دیگری دارم
و هر چه در توان گیرم براه دیگران بخشم
بلی من ماه بی نورم
که نوری بر دل شبهای تار دیگران دارم
تو هم دانه زدست دیگران چیدی
سراسر دانش ات اندیشه ات
هستی و دارائی تو هم از دیگران داری
تو هم آیا توان داری
هر آنچه داده اند بر دیگران بخشی
تو هم ایثار گر بخشای نوری بر شب تاریک

سکوتی در دلم غوغا بپا میکرد
که من در خود چه معیاری ببازار عمل دارم

به ا وگفتم
چرا گاهی تمامی گاه نیمه
گهی بالا بلندی گاه تیره
گهی درخود فرو رفته
گهی شاداب
چه می آید بروز تو
کدامین‌غم دلت را تیره میسازد
چرا ناگاه برویت میکشی خطی‌زبطلانی
کدامین غم ترا از خود تهی سازد
ماه گفتا
من از بالا جهانی‌را بزیردیدخوددارم
گریزم ازستیزوجنگ

و انگه یأسی از نامردمی دارم
دلم ر اتیره و خطی‌رازبطلان برسرم دارم
و ناگه می‌کنم احساس
که اکنون من خودم را دار خواهم زد
وبرمرگ‌خودم من صّحه‌می‌گذارم
ولی ناگه بخود آیم
نگه سوی دگردارم
و می بینم
جهانی پرزخوبیها
گل شاداب استعداد شکوفاتر
بشر آگاه تر
مدار ذهن روشن تر و نورانی
وصدها مهربانی صدهزاران مهربانی
من ا ز این روشنائی ها
نور می گیرم شاداب‌می‌گردم
در آن هنگام من ماه تمامم
که با شادی دنیا شاد گردم
و سهم خودبراه مردمان ایثا رمیدارم
نور می پاشم
و من عکس‌جهان‌را در جبین دارم

به او گفتم دلت می خواهد کنار تو بمانم
همسرو همزاد تو گردم
دمی تنهات نمیذارم
چنان با تو یکی گردم که تو
تنهاترین نوری به شب مانی
و آنگه ماه
سکوتی کرد خندید
من آرام از میان خواب برگشتم
هنوزم ماه می خندد

قصه زندگی

زندگی چیزی بجز یک قصه نیست
قصه ها معمولی است
بعضی وقت ها
قصه ها ئی ست غمین
سایه از ابر سیه می چیند
قصه هائی سر شاد
نور خورشید به هر تار دلش میتابد
قصه ها از حیرت
سایه هائی است که ز وحشت گیرد
قصه ها یست مضحک خنده دار
و هزاران قصه
که به نوعی به مداری عادی
در زمین می چرخند
و سپس محو شوند
و بندرت بینی
مردمانی
که شاهکار جهان می باشند
گاندی
پاستور
حافظ
انیشتن

فلمینگ

و بهر عصر و زمان
گذر ا زسایه او
سایه بر قصه ما
بردل و جان در و دیوار است
قصه عمر من و تست
که میماندو یا محو شود

زرگر

مشتری زر به طلب آسان خواست
وقت قیمت به دلش لرز بتاخت
زرگرش زر به ترازو بگذاشت
مشتری دیده به سنگ وزن بداشت
رنگ زر بر رخ سیما بر تافت
که چقدر قیمت آن بار بخواست
زرگر آگه که نگه بر سنگ است
نه به زر بلکه به سنگ آویز است
در دلش گفت که خواهان کدامین باشد
از چه رو دیده‌به سنگ اش باشد
گر طلا خواست نداند که زر می باشد
پس چرا دیده به سنگ میتازد
لحظه ای سخت درنگی فرمود
مشتری لب به سخن باز نمود
گفت حاجی که چقدر می باشد
کمترش گیر که پول کم باشد
زرگر ش باز سکوتی به تامل بنمود
به رخ و رنگ خریدار نگاهی بنمود
مشتری تاب ز دستش میرفت
گوئیا جان ز دهانش میرفت
گفت زرگر که‌تو اینجا چه کنی

گر خریدار نه ای   با زر و زیور چه کنی
تو طلا می خواهی قیمتش زر باشد
و اگر سنگ ترازو به بدل سنگ باشد
زر وسنگ در دو کفه وزن برابر آیند
قیمت در جهتی عکس بهم می آرند
سنگ یا زر   تو کدامین خواهی
این تو و وزن برابر تو کدامین خواهی

چه عجب

چه عجب
سفره دل بگشودی
گوهر حرف بدندان سفتی
حرف ناگفته خود را گفتی
که ترا می خواهم
تو به حُجبی محکوم
یا به شرمی معدوم
با غروری کاذب
ارزش عشق مرا نادیده
و سرانجام به راه جرات آمدی تاکه بگوئی
که ترا می خواهم
من شنیدم
و درون ذوب شد از آتش حسرت بارم
که چرا
نوشدارو بعد مرگ سهراب
عرق سرد بر اندام دلم پوشاندم
آری
موج بی مهری تو
ورق عمر به یکی ساحل گمنام ببرد
و مسیرم دیگر به رهی دیگر برد
و نخواستم‌که ترا رنج جبینی بینم
زین سبب چون آهن سر دبگذشتم
تا که داغ دل داغم به دلت ره نبرد
و مکدر نکند خاطر تو
تا که غم های وجودم به دلت ننشیند
تونمی دانستی که چه بر من بگذشت
همه ی روز همه ی شب

به امید همین یک جمله
که ترا می خواهم
و تو هرگز نه کلامی
نه سخن ا زمهری
سالها رفت و هنوزم دل من
حسرت عشق ترا در بُن ریشه خود میدارد
تو چه حالی داری
اگر ت می پرسم
زین سبب هست
که دِینی داریم
به کبوتر های که ز دست من و تو نوش کنند

تو بگو
ارزش عشق و تر امی خواهم
در کجا جای گرفت
که به حُجبی محکوم
کمر قتل محبت بستی
آنچنان مست غروری کاذب
به سکوت سردی آتشی افروختی
خرمن عشق در آنجا سوختی

سالها رفت
بگو آنچه گذشت
به کبوتر های که ز دست من و تو نوش کنند
شاید آنها . . . . .
شاید آنها

موش ها می ترسند

مو ش ها می ترسند
که به سوراخ پناه می آرند
و به بوی گردو یا پنیری
سرکی بر دارند
سر ز سوراخ برون می آرند
و چو دزدان شتابان لرزان
با هراس و وحشت
راه دزدانه شتابان پو یند
تا که نانی بسر منزل خود باز آرند
مو ش ها می ترسند
چو پر از حیله و تزویر و ریا می باشند
و به غاری چو پنهان خوشتر
سر پناه می آرند
به‌گمانند که به سوراخ امان در امنند
چو برون آمده
رخ باخته ای لرزانند
سایه شوم ریا و حیله چو بسر میدارند
زین سبب
لرزه بر اندام مداوم دارند
و نداند در این بزم جهان
خود بلای خود و
از اهل جهان می ترسند
چون که دزداند
به یقین می ترسند

تو ز چی میترسی
تو چرا مضطربی از خود خود بی خبری

تو چرا سایه وحشت بسر وقت خودت می آری
ره به دامان بلا بسپاری
و به خانه که چو سوراخک یک مو ش بود
از چه رو پنهانی
سخت در بند پناه آمده ائی
چون ز شاهد به شهود هم راهی هست
خانه تار تو از دیدگه اهل نظر پنهان نیست
تو برون آی‌و
دم اهل نظر باز ببین
چو برون آمده از غار بلا
آنگه آزاد شوی
و آنگه در سطح جهان با برخورد
چون به منشور وجود تو خراشی برسد
خانه جان و دلت پاک شود
خانه دل متبلور گردد
تو ز نورش خیره
تو برون آی ز سوراخ امان بی امن
نیمروز در آفتاب
سایه شوم ز تو بگریزد
به همه بعد تو نور است و فراوان تا بد
وحشت تار ز تو بگریزد
این بود امن و امان
خانه امن و امان اینجا هست
نه در آن خانه و حشت
که سرک بر داراست
موشها میترسند تو چرا میترسی

همه گویند که آزاد آزاد

چوب را بالا برد که تو باید ترسی
سر بزیر باشی و بت بپرستی
ما که در بزمگه دار اسیران بودیم
یک اسیر دگر و برده به هر جا بودیم
هر چه گفتند بگو ما گفتیم
سر تعظیم بهر پا سُفتیم
آری اینسان سر آزاد به باد
دل ما سخت شکست از بیداد

حرف آزاد نگفتن بهتر
سّر هر عشق نهفتن بهتر
عاقل آن است که نخندد به جهان
گریه زاری چه خوش است بر این جان
گر نخندی نشان از عقل بود
گر بخندی نشان از جهل بود
آری این بود تمام خِردش
منطق بی خِردان میخردش
آری اینسان سر آزاد به باد
دل ما سخت شکست از بیداد

خانه اینک برود بر سر باد
همه گویند که آزاد آزاد
کس نگوید که چه کردیم به آزادیمان
ما چه کِشتیم نشستیم به ماتم هامان
تیغ سانسورکه برخاست به قصد دل ما

همت با خِردان   بی خبر از ماتم ما
آری اینسان   سر آزادبرفتش بر باد
دل ما   سخت شکست   از بیداد
تو بگو تو بخوان   حرف و حدیثی تازه
که چه‌وقت عطر رهائی به سرم میتازه

برگ سبز

سبز بانو به کنارم بنشست
حرف بانو به دلم خوب نشست

او به من گفت
رویش برگ من از غیرت غیر
سایه‌هایم همه ایثار قدمهای غریب
نه نیازی که بگوئیم سپاس
نه نیازی که بخواهیم سپاس

چو بیفتم بزیر قدمت
ره به کانون بقا بسپارم
بعد مرگم قدمی بر سر من بگذاری
تا بزیر قدمت خاک شوم
پای گلدان غریبی دیگر
برگ سبزی ز عدم باز شوم
سبز سبزم
تو ز من سبز بگیر

ما بهمدیگر رسیدیم

ما بهمدیگر رسیدیم و نگه بر رخ یکدیگر بود
شعله عشق که ناگه برخاست
هُرم آن شرم به رخسار شتابان بدوید و برتافت
رنگ رخسار نشان داد ز اسرار درون
گفتم: آه که هست لرزه بر اندام دلم افکنده
و دلم را برده
وای چه حسی دارم
و چه آسان دل خود را دادم
در رهی عکس جهت
نه کلامی نه سلامی
ما گذشتیم و نگفتیم سخن
هر دو در فکر
پس از چند قدم هر دو آرام برگشته
نگاهی
تا ببینم که بود رهزن دل
هر دو لبخند به رسوائی دزدانه خود
که چه آسان دل خود را دادم
یا چه شد من که دلش را بردم
آه چه حس خوبی دل خود را باختن
و آن دلی را که هنوز است هنوز قدرش نشناختن
حس خوبی است به سرمای زمان گرم شدن
و دو خورشید بیک باره شدن
و فراموشی محض در یک آن
و هنوزم آنجا
این نگاه است
به امانت بر جاست

روح

روح در کار نیست
یک حدیث دیگر که پر از افسانه
تا دکان دار فریبت بدهد جانانه
درد مرگ است و دلی صد پاره
بگمانی که تسلی دهدت مستانه
بعد مرگ روح نبود در خانه

این جا
جسم پربار ثمر می بخشد
هرزمان جسم که از کار بماند
کار بردش ز ثمر باز بماند
کار بردی‌دگر ازجسم نماند

آنچه با تست سراسر عقل است
سراسر فکر است سر بسر اعجاب است
و نشانی ز کار جسم است
کاربردی ز مدار جسم است

جسم چونکه از هوش برفت
قصه شد رفت که بر باد برفت
جسمکی بیکار است
روح در کار نیست

روح افسانه جادو شده دوران است
که با قطع بدن قطع شود

هم چو خونی که ز حرکت ماند
هم چو رویش که ز روئیدن خود درماند
یا که رفتن بسر منزل مقصود بسر می آید

رفتن نیستی نیست
روح هم در کار نیست
ثمر است
آنچه به عالم گذرش در گذر است
ثمر است
آنچه به عالم اثرش‌بر گذر است
این همان
کاربردی زنور اثرش تابان است
روح نیست روح در کار نیست

پرنده

پرنده گرچه پر نداشت
پرنده یک فروغ بود
که از شبی سیاه بردمید
ز قله های فتح تاج های کاغذی رمید
رمید از مدار کهنه های عصر خود
به اوج رفت
فراتر از ستاره رفت
و چشم ما گشود بسوی نور ها
کمک نمود
که از مدار کهنه خیال و باور غلط رها شویم
بسوی خود رها شدن روان شویم
نه چون عروسکان بدست این وآن
به تیکه پاره ای بدل شویم
پرنده تازه ای ز متن واقعیت سرود
میان شهرحرفهای بی اساس رفت
زقصر پر شکوه‌وهم و جلوههای کاذبش گشت
گسست اسارت اصیل خانگی
فراتر از دروغ قله های اعتبار
صد دروغ صد کتاب و صد قلم
ز مرز کهنه کتاب ها گذشت
و مرز های کشور حقیقت و نشانه رفت

پرنده آنچنان سرود
که تار حرف های کهنه را
و قصه های مرده را
ز ذهن و فکر ما زدود
سروده اش به تار و پود زندگی

هنوز هم پژواک میکند
حدیث تازه ای اثر گذار ز متن واقعی سرود
نشست بر حریر فکر و خاطرات
چنان نشست گفته های او به عمق ذهن
که رفت در میان گفته و کلام
حیات جاودانه را ربود با کلام
و ثبت کرد حیات جاودانه با سخن
و با کسی است
که راستی‌اش نشانه است
وهر چه جز حقیقت است
سرای ناکسان سراب ناکسان
وفتح قله های تاج های کاغذی
سزای ناکسان
که درتساوی است به مرگ
جسم زنده شان

پرنده خود بهانه شد برای هر سروده ای
پرنده خود بهانه شد
برای صد گریز ز شهر کور ها
پرنده گر چه پرگشود و رفت از میان
هنوز هم زنده است به بام این جهان

صدای‌او بقدرت نوای بس رسای غمگنانه زنی است
که‌قصرهای پر شکوه وهم را
بزیر هر قدم شکسته است
صدای او به دهلیز های فکر
طنین یک حقیقت است که رنگ بسته است

پرنده عزیز من
تو هم بگو ترانه ای که دیگران نگفته اند

تو هم سرا نوای جاودانه ای
به گوش‌دیگران غریبه است
تو هم تبربزن به قصر بیکران وهم و کهنهگی
تو هم‌چنان فروغ‌روشن دَم مسیح وار
بدم به شام تیرگی که پیرهن از دروغ بر تن است
که تا فروغ جلوه حیات را
به مردگان زنده جسم عطا کنی

پرنده عزیز
بسنده بر مدار کهنه سرای خود نکن
بخوان بخوان حدیث تازه ای بخوان
بگو بگو بگو
بگو هر آنچه گفتنی نگفته اند
بخوان ترانه ای که کس نخوانده است
سرا فسانه ای که فکر هیچ کس به آن سرا نرفته است
نگو که‌بر مدار ذهن دیگران اثر نمیکند
چه بد که فهم‌و درک آن توان ما نشد
شود که عاقبت
مسافری رسد که درک میکند
تو برفروز چراغ را
گرچه چشم به عجز خیره ماند
و ذهن ها ز کهنهگی‌و تیرگی پر است
نگه نکن که در توان ما نگاه نیست
نگه نکن غبار کهنه بر نگاه
غبار کهنه بر مدار فکر تار بسته است
زمانی هم رسد
که روشنی به چشم ها و ذهن ها
سفر کند
و تار کهنه بردرد غبار کهنه بر کند
نگاه‌مردمان

بروی تازه های زندگی   سفر کند
و رسم تازه   و امید تازه‌تر
درون زندگی   اثر کند
بگو   حدیث تازه ائی
بخوان   ترانه ای ز باغ معرفت
بگو   نگفتنی   و آنچه دیگران نگفته اند
نترس ز طعنه ها و طرد ها
امید همچنان بجاست

پرنده گفت و رفت
در میسر ساله ها   هزاره ها   همیشه زنده است
حیات جاودان هر پرنده   در کلام‌بارور
همیشه باقی است
عزیز من
حیات جاودانه ای   از آن تو
بگو حقیقت   نگفته های بارور
بخوان حدیث تازه ای

بیاد فروغ فرخزادکه در شبهای بی ستاره فروغ
روشنی در آسمان بود و هست و خواهد بود .
حیات جاودانش مبارک باد

دیوانه و عاقل

دیوانه و عاقل ز گذر گاه گذشتند
از پیچ و خم راه که عمر است گذشتند

عاقل به تعجب نگهی مسخره آمیز
بنمود به دیوانه عجب مسخره باشد
او با نگه خود به حریمی که نباید
میرفت و به تصویر کشیدعقل و خرد را
دیوانه نگاهی ننمود
ره به تجاوز نشنا سد
آنوقت نشان داد به یقین با خردان را
تفسیر خرد را که نشاید به سخن گفت

عاقل بخیالش
به نگه یاد بگیرد
آنگه به دیوانه نگه‌کردو نیآموخت رهائی
دیوانه به عاقل ننمود
هیچ نگاهی
دیوانه به سر سوی هدف داشت نگاهی
دیوانه رها بودو نمیخواست رهائی زرهائی

عاقل رخش از جانب او بر د به اکراه
زیرا که به آرایش و پیرایش مجنون
تصویر که ز انسان بنشانده است نمیدید
دیوانه نکردش نه نگاهی
نه تمسخر
و نه اکراه

در داوریش شکل خلائق نفریبند
او آدمیان را   به ترازو نکشیده   نخریده
اکراه نبودش
ابرام نبودش   اگرش کرد نگاهی

عاقل به نگاهی   و سری چون بز جنبان
تا جلوه به بخشد   و به تصویر کشد
آن قدرت فکری   سر خویش و فضیلت
فضلی که نه فضلی   به برش هست
دیوانه در عاقل ندید   هیچ فضیلت
زیرا که تظاهر   به یقین گفت
جسمی تهی از بار فضیلت

عاقل به کلامی و تمسخر   سخن ا زظاهر مجنون
این طور نشان داد
همه جا عقل و شعورش
مجنون اثر ا زرنج   به رخسار نیآورد
پر بو د   به هر جا   سخن از   حرف جنونش
مجنون به عیان دید تهی مغزی عاقل
تا پر نکند صحن فضا را   ز عداوت
آنگه به تبسم   نگهش کرد و نفرمود
وصفی ز لباس وخرد مرد
تا فرصت وصفی   و قضاوت به تو ماند

مجنون که وجودش همگی   عاشق یار است
ا زخو دچو رها گشت   وجودش همه یار است
زینروست که در خویشتن اش حرف فنا هست
افسانه شد   و اسم عزیزش   به بقا هست

عاقل که وجودش همگی   غایب و مکتوم

چون نیک ببینی همان گم شده معدوم
این است حیاتی که بنامش‌شده معلوم
و آنگه بسراید که تقدیر ز آغاز شده معلوم

دیوانه و عاقل به یکی نقطه رسیدند و گذشتند

عاقل به سوی غرب روانه
او طی نکند راه جدیدی
تکرار کند راه گذشته
تا پر کند این خاک‌کرانه
اجساد پر از باد زمانه

مجنون به سوی شرق روانه
او طی بکند راه فسانه
تابر دمد از شرق دو باره

برگو به حیاتند کدامین
عاقل چه کسی بود
ما در چه هوائیم عزیزان

ساقی

ساقی بده شراب که مستی ز می خوش است
جامی دگر   که رهائی ز تن خوش است
مطرب بزن   نوا ی دم و رود و چنگ را
رقصی   به ساز تو در این جهان خوش است

مرد عرب و مرگ برادر

گوش کردم به مرد عربی
بسر مرگ برادر میگفت
ای کاش مرگ پسرم میبودی
تا به فرزند دگر جای تو جبران کردم
من کجا خواهم یافت
مادرم نیست که زاید فرزند

میدیدم
غم مرگی که پس از سال دراز
چهره را رنگ ز ماتم زده است

و نمیدانستم
پسر نا خلف اش به دلش ضربه زده
یا که نا اندیشی به سرش ضربه زده

در تحیر ز سخن گو بنشستم گریان
بسر مرگ عواطف بودم
که چه آسان به سراشیبی مردار رود
بدترین را ز بد حادثه می جوید او
مُردم از غصه نااندیشی

پس از سقوط حکومت صدام حسین در تلویزیون ان ،بی سی در امریکا برنامه ای را نشا ن میداد که خبر از کشف گورهای دستجمعی در عراق بود .
در تفسیر گفته شد که صدام حسین (رئیس جمهور سابق) مخالفان خود را میکشت و در این گورستانها بطور

گروهی دفن نموده است .
در یکی از این صحنه ها مرد عربی را نشان‌میداد که
پس از پیدا شدن جسد برادرش میگفت : ایکاش بجای
تو پسرم مرده بود یک پسر دیگر تولید میکردم .ریشه‌های
فرهنگی غلط از گفتار مرد به ذهنم هجوم آورد ، که به
بهنگام هنگام سختیها واقعیتهای تلخ حضور خود را نشان
میدهندو چگونه منیّت و حس خود خواهی انسان مدار
هستی می باشد وچرا انتخاب‌باید بین بدتر و بدترین باشد .
سال ۲۰۰۳ میلادی لوس آنجلس

دانشگاه بی‌دانش

و در بازار دانشگاه بی دانش
که در سوادگری دستی تمام است
و گوش مردمان کر هست
با معیار تکراری
سیاست هست مبناء
مذهب هست مبناء
قدرت هست مبناء
چرا که هر حقیقت ضدّ ارباب است
ز درگاه عبادت سخت مطرود است

و استادان در این اندیشه اند
آیا
مبادا روضه خوان آن محل چیز دگر گوید
مبادا که رئیس این‌محل حرف دگر خواهد
واین پُست حقیرانه
که در چشمم تمام این جهان آید
و این‌هم چشمه جوشان مزد من
که کل ارزش هستی حساب آید
اسیر موج ناآرام گردد

بساط کهنه بازار مکاران
گواه کاملی باشد
که در دانشگه دور از همه دانش
که دانشکاه پر کاهی است
همان جائی که مرغ فکر از پروازدر مانده است
و بی ارج است هر پرسش و تحقیقی

در آنجا آن زمان
این عنکبوتان گرد هم آیند
و دائم تار می بافد
تار چون دام
بروی جسم هر پرسش
بروی فکر
فرو ریزند

در آنجا آن زمان
در محیطی مسدود
به محیطی مسلول
سهل و آسان نبود راه
خانه دوراست و راهی پر چاه به سر منزل مقصود
چاه و چاله است که از پیش تدارک باشد
فصل کاغذ بازی رونق و گرمی بازار شود
تو نیاندیش که راهی به سهولت باشد
شاید اندیشه نیابد راهی
شاید راحت بروی در چاهی
یا که در راه رسیدن بسپاری جانی

آن زمان در آنجا
در دلت جرئت پرسش
گل جویا بودن پرپر و رفت بباد
تشنه لب برلب دریای سئوال
هر دم ا زپاسخ گنگ عطش ات افزون تر
این چنین بود حیات پرسش
مُرده شد وقت سئوال پرسشگر
مُرده باد گفت به سئوال مطرود
که نبود در خور بازار و دکان دانش
مُرده شد فکر

مُرده شد روح سئوال
چونکه ارباب نپسندد این باب
آری بازار جهان دانش
پرزکالای همیشه تکرار
این چنین بود به بازار همه مکاران
سر سودا و همه سوداگر

حقیقت

گر حقیقت را ندانی
تو چه دانی و چه داری
که ببخشی به نسلی دیگر
بی دانش تو رها در بادی
و به آن سوی روی باد رود
بذر از خانه دانش بردار
راستی را به درگاه کبوتر بگذار
دیگران کاشته و ما خوردیم
ما بکاریم برای دگران

علف هرزه

تفاوت راندیدن
پذیرای تفاوت ها نبودن
علف را هرزه نامیدند
و از معبد برون کردند
بر این باور که باید
هر برگی
برنگ و بوی مخصوصی که میراثی ز اجداد است
به تعریفی از آن رفته
و قبلاً دیده یا بشنیده ایم باشد
قضاوت های موروثی ما معیاراصلی جهان باشد
که حتماً هم
علف زشت‌است و نا مقبول و از معبد برانیمش
علف را هرزه نامید یم
و از گردونه هر اعتباری دورکردیم
و آنگه نام خود را معتبر کردیم
که ما صاحب نظر باشیم
چقدر بی اعتبار است این نظر گاهی که ما داریم
واینست حدّ والا اعتباری را که مادرچشم خود داریم
چو نیکو بنگری
علف زیبا و خودرو به آزادی وجودش معتبر هست
نه وحشت از زمستان و خزانی
نه عشوه تا نوازش ها رسد از باغبانی
نه در چشم انتظاری پای صبر خویش بشکسته
و چند رنگ بنفشش تاج سبز ساقه بنشسته

ظرافت‌را درون هر گل‌و برگش

کم از گل های صد پر هم نمیباشد
در این سوی جهان دیدیم‌علف را در کنار گل
و جایش توی گلخانه کنار سایر گلها
وآنگه چشمها را شستیم و دیدیم ارزش رویش

و تعجب که چه ما میدیدیم
که ندیدیم علف زیبا را
و در این فکر و گمان بوده و هستیم
که بدیدیم همه زیبا ها را
یادم افتاد که روزی سهراب
بر دل پاک سپیدی بنوشت
"و چرا درقفس هیچ کسی کرکس نیست
گل شبدر چه کم از لاله قرمز دارد" (۱)
بله سهراب عزیز
ما ندیدیم همه زیباها را
ما در این باور موهوم که هر چی گویند
بی گمان راست ترین می باشد
ما دل و جرئت ابراز وجود شکّی به یقین دگران
در سر خود به عبث سربه نگون میکردیم
و نمی دانستیم
بی گمان آنچه شنیدیم
همه ای هستی نیست
بر نظر گاه نظر ننشاندیم
همه ابعاد حقیقت که نهان مانده ز چشم دگران
و هنوزم باقیست

وقت آن است
بسر وقت نظرگاه رویم
و شکایت نکنیم
که چرا جور دگر بود اساس بینش

آنچه گفتند همان بود که میدانستند
و نه چیزی بیشتر
و نمیدانستند که نمیدانند یا نخواستند که بگویند
و هنوزم باقی است

وقت آن است
بسر وقت نظرگاه رویم
بُعد هایست که نهانست ز چشم من و ما
وقت آن است ببخشیم به هم فرصت را
وبگویم هر آن چیز که‌در صف دگرگونی هاست
و نترسیم زحرف دگران
هر تفاوت که بدیدیم بگوئیم عیان
شایدش راه بسر منزل مقصود برد

آری اینک علف هرزه که خوارش کردیم
شده جایش به کنار گلها
جلوه ای بر نگهی می بخشد
ما نظر گاه نظر را بسوی جلوه بریم
و ببینیم تفاوت هارا
بپذیریم تفاوت هارا

۱: سهراب سپهری شاعر ایرانی ، از منظومه‌صدای پای آب

ثبت اثر

فرصت گرچه هست   به درکش توان بباد
عمری اگر چه رفت   ثمر   اعتبار باد
گر گوش‌هست   نیک شنیدن   بکار باد
گر چشم هست   به دیدن‌توان   بباد
در لمس هم   به درایت نشانه هاست
ورنه این عضو ها   توان‌را بباد   داد
این است حدیث   درک معمّای زندگی
جاوید   آنکه ثبت اثر   یادگار ماند

خانه عفاف=تحقیر انسا ن
=عفت‌خانه مردانه

در آنجائی که معیار خوشی و شادمانی
فقط هم خوابگی هست
و سر زیر لحاف خفته باقی هست
در آن دریای ظلمت
که مردانش ز مردی بی خبر هستند
و غسل واجب خود را ز خون کودکان دارند
در آن دنیای جهل
هر نوگلی هر غنچه ای
را بر بساط تخت بنشاندند
بزیر زانوان خویش آسان پرپرش سازند
و این اعظم نشان مردی نا مردمان باشد

و استادان آن دریای ظلمانی
بعنوان رسالت های تحقیقی
و تحقیقات و تامینات بین پا و پائینی
برای بررسی بعنوان پژوهش
چیزیکی دیگر نمیدانند
نهایت حد اعلا ی رسالت
در خورعلامه‌های وزن میزا نی دانشگاه
دانش کاه نامیزان سوار عقرب میزان
و استادان خود را بر همین میزان نگهدارد
پژوهشهای تحقیقی
به موضوع روابطهای تحقیری
اساس بررسی باشد

به تحقیق و تفحص سخت دریافتند
برترین معیار میان پای اجسادست
و راحت تر وسیله خانه عفاف
و در حل المسائل ساده تر راهی از این بهتر نمیباشد
چرا که راه نزدیک و محل معلوم و یاری در بغل

و از آن هم مهمتر
برای روضه خوان خود حرفه ایست
شغل است !
عجب هم شغل پر سودیست
و انگه روضه خوان بر درگهش بنشسته
و آیات میان پا
وآیاتی برای وصل می خواند
و آسانتر وصول پول بنماید
مردان هم برای ارج مردی در پی جائی نمیگردند
بله آن جا مکان ثبت نا مردی
عفت خانه مردانه
به تعبیری دگر
شهری ز نو مفتوح می باشد
که شهری پر ز مردان است
به آنانکه تمام عقلشان در بند شلوار است
و طول فهمشان اندازه یک بند تنبان است
و آسان زیر سّم سر کش معیار بین پا
بزانو در طبق نامردی خود را
به نامردان نشان و ثبت نام است
بله تحقیر انسان است

گروه نو گُلان ر ادر حجاب دین
به مسلخ گاه ارزش های انسانی عفتخانه مردانه
رهنمون کردند

گل سرخی کنند پرپر
بروی قبر نامردان فرو ریزند
که تا شاید بپوشد
عیب نامردان به خون سرخ
تمام برگها در سینه خود خم
ز بی مهری سرما
دست خودرا در بغل‌گیرند
ز سوزقهر و خشم مردک برفی
به تن لرزه نگاهی مضطرب‌دارند
ز وحشت چشم هر گلبرگ خیره
و یا از خشم یا حیرت دریده
به هر رهرو نگاه حسرتی داره
به آنجائی که قارچ شهوت از هر سوی میبا ره
سیاهی و تباهی‌را به دورخویش میکاره
تباهی خود تباهی را ز ناچاری بسر داره
و گلبرگها بروی نعش نامردان
بساط مرگ انسان را به ثبت آیه میباره
و این است حاصل تحقیق استادان اعظم
و آدم در تحیُر از نبوغ اینهمه دلال شیطان‌است

تکامل را به بین در این همه تحقیق
د ر دارالسلام مرکز علم است
تحقیق آسان است
تحقیر انسان است
برمرد و زنش تحقیر انسان است
و زخمی روی زخم دیگرش باشد
نمی دانم نمیدانند نمی دیدند
گشایش های عفت خانه مردانه
شیوع زخم های ناشی از فقر است

نشان زخم های ناشی از جهل است

و اکنون عَالمی دور از علوم
اندرز گوید
گشایش‌های عفت خانه مردان بی عفت
خانه عفاف ترمیم یک زخم است
و در دوران بسط دین
نشانی از فضیلتهای استادان اعظم
یا دلال شیطان بزرگ است
چنین فضلی مثالش را توانی دید
در کهنه بساط مارگیران و شیادان
که خودچشمی بدست هر تماشاچی
برای کسب روزی رونق بازار میدوزند
آری پول یا گول یا خود فروشی هست
صفاتی از فضیلتهای استادان اعظم هست
به دنیای چنین تاریک
جز ظلمت چه می باید ... چه می باشد

بیا تا ما
چراغی از سر مردی
به هر کوی و به هر برزن بیآویزیم
و راه رهروان را نور بخشیم
وبا زن زیر باران همسرو هم بستر و هم‌آشیان گردیم
شعوری را لجن مال روابطهای تحقیری نگردانیم
بهر غنچه توان گل شدن بخشیم
بروی هر زمین بذری ز خوبیها بیفشانیم
حریم حرمت خود را نگهداریم
غرور آدمی را ارّج بگذاریم
سبب ساز چنین زخمی نباید بود
سبب سازی زخم را از مدار ذهن بر داریم

تکامل در بساط ذهن بنشانیم
سبب ساز تکامل را بروی ذهن بنشانیم
حریم حرمت انسان نگهداریم

گشایش خانه های عفاف در ایران و اظهارات استادان دانشگاه علامه طباطبائی که افتتاح چنین اماکنی‌را (خانه عفاف) ترمیم زخم های جامعه اعلام نموده اند .
تحقیقات علمی دانشگاه در مورد فحشاء در ایران چنین نتیجه را بدست داده است که ایجاد خانه های عفاف درمان اپیدمی فحشا در ایران است .
کار فحشا در ایران در زمان حکومت آخوند بجائی رسیده حتی حاکم وولی شهر هم موضوع را آشکار بیان میکند.
در حالیکه فقر و جهل بیداد می کند حاکمان وولی فقیه درد فقر و جهل‌را نادیده وبی توجه به درمان اصلی‌و بنوعی موذیانه مردم را تشویق به ادامه کار که همانا بی خطرتر برای سران حکومت است مینمایند.
در حالیکه دانشگاه های معتبر جهان اساس تحقیق و بررسی شان علوم عقلی است و در ایران که دانشگاهش به بی اعتباری استادان انتصابی‌آخوند ی فاقد ارزش میباشد ومعلوم است که بررسی و تحقیقی هم بهتر از موضوع خانه عفاف نمییابد. دانشگاه و مراکز علمی به اسم آخوند نام گذاری میشود.از آن جمله دانشگاه فوق الذکر .
تو خود حدیث مفصل بخوان از این مُجمل

شیطان و آدم

شبی شیطان به آدم گفت محبوبم
سرود سرد این افسانه را هر دم بگوشی در گذر باشد
که شیطانی بود شادی و احساسات خوب ناب انسانی
چرا باور کنی‌این بزم شادی‌را
که شیطا نی نشان و پر گنه باشد
بیاباور بکن
در زندگی چیزی بجز کردارشادی زا نمیباشد
چرا از کرده خود نادمی اکنون
چرا باور کنی آنچه گذشت بر تو
گناه موحشی باشد و مزد ش وحشتی باشد
سراسر قصه شیطان دروغ محض می باشد
فریبی هم ز دکان پلید جهل خر می باشد
بیا از کشور وحشت کنون رخت سفر بر بند
رهائی از گناه و قید شیطان را به گردن بند
از این کهنه دیار وحشت مردان کین اندوز
جدائی کن و آنگه رخت شادی را به تن بر بند
سکوت سرد غمگین ات به شادی مبتلا گردد

خورشیددروجودت خانه دارد

و دیشب خواب دیدم
ستاره زآسمان روی زمین آمد
کنار من نشست
سرش را روی زانویم نهاد و
پرس وجو میکرد

ازم پرسید :
کدامین خانه زان ماه میباشد
به آرامی نوازش کردم او را نرم گفتم
چرا اینجا
چرا اینجا زماه خود سراغ خانه میگیری
من اینجا درزمین ماهی نمی بینم
که ماه جایش به بالای بلند آسمان باشد
نه در پستی که این خاک زمین باشد

ستاره
به چشمم خیره شد آرام سر برداشت
نگاهم کرد و میخواست از کنارمن گریزد
من او رادر بغل محکم گرفتم زود پرسیدم
چه شد آیا خطا گفتم خطا کردم
و او حیرت زده از بُهت ماتش برد و گفت
تو بینائی و یا چشمان تو کور است
مگر نورش نمی بینی
شده آیا بپرسی از خودت
این نور از چیست
و این نور از کدامین سوی می آید

باز هم گفت
تودانائی و یا نادانترین نادان
چگونه ممکن است
همسایه ماهی و نورش ر انمی بینی
من اینجا آمدم زیرا بمن گفتند
خورشید در وجودت خانه‌ای دارد
واکنون
دلخور از خوش باوریهای خودم
زیرا تو
حتی ماه را هرگز نمیدیدی
ستاره خیره بر من
در سکوت خود نگاهم کرد
خوب فهمیدم
که چشمانم بروی این جهان بسته است
چشمانم گشودم
نورش همی دیدم
و از خواب گران خود رمیدم من
چه خواب بس گرانی بود
و آنگه دیدم ای یاران
نورانی است صحرائی که تاریکش همی دیدم
من از وضع شهود به شاهد پی همی بردم
فهمیدم که ماه در سینه آن خانه جا دارد
و آنگه ماه رادیدم
حرارت‌را مثال‌کوره ای سوزان
درون سینه من بود
ز گرمای وجود ماه
یخ سخت وجودم آب میشد
طپش های دلم سرشار میشد
و آنگه در کنارم دیدم
آن اجساد پر حرکت

هنوزم سخت در خوابند

ستاره در کنارم بود
من او را در بغل محکم گرفتم
ناگهان دیدم
شهابی شد به اوج آسمانها رفت
مرا با خود به آنجا برد
و آنگه من نفهمیدم
شهاب آسمان او بود یا من
و بعد خود را
مثال نور یک خورشید میدیدم
نمیدانم که من خورشید بودم یا نور بودم
ولی دیدم
ستاره گوشه ای ایستاده می خندد
ستاره گوشه ای ایستاده می خندد

نگارنده :ماه‌سمبل افراد نیکوکاردرمیان‌ماست‌که با کمکهای‌خودشرایط سخت زندگی‌رابرای‌دیگران‌آسان میسازند. انگیزه‌حرکت‌وفعالیت دیگرافراد میبا شند . برای‌اطرافیان فرصتی فراهم میسازندتادیگران‌بتوانند طلوع بهترین ها و یا جلوه گری خورشید درون خود را به چشم ببینند.
سپاسی ناچیز نثارنیکوکاران‌ایثارگر

ساقی بده شراب

ساقی بده شراب   مست تر از پیش آرزویم هست
ای خواب بی ثمر تو برو   شور هستی آرزویم هست
مطرب بزن که وقت رهائی ز خویش‌خویشم هست
سازت بهانه ایست برایم   رهائی آرزویم هست
ساقی لبت چو می ناب و   دل ز کفا فتاد
جامی‌دگر شراب   فتادن به خاکت‌آرزویم هست
در کوی تو خراب خراب از شرا ب‌و بی خودم از عشق
ای می تو همتی که بوسه زلب‌هاش   آرزویم هست
جامی بده ز لب   که دل به خرابات آرزویم هست
اکنون رسیده است رهائی   که آرزویم هست

پرتقال فروش

پرتقال فروشی چهار پرتقال داشت
اکنون سه پرتقال فروخته است بچه ها
گوئید که پرتقال به چنداست بردکان
چند مانده است به جای؟
چند ؟ چند ؟
-یکی
-آفرین
به به صد آفرین به شما بچه های خوب

تا سال ها ی آخر درس
باز هم
بساط پرتقال فروش محله ها
در های باز به افلاک برده بو د
در قبله بارگاه درس چه خوش جای کرده‌بود
تنها عدد به ذهن خِرد نقش بسته بود
آنجا بساط عدد بسط برده بود
ما را به راه رقابت کشانده بود
ذهن را بدور عدد سایه کرده بود
خورشید جان آواره ای غریب فراموش گشته بود
گمگشته بود

آنجا پدر   که سیب فروش محله بود
سیب‌بساط او
چون قلب من
بروی خاک
بزیر پای شما   له گشته بود
سیب دلم   چه بی گناه له گشته بود
چشمم   به خاک‌پای شما خیره گشته بود
شاید به لطف نوازید دستکم

راستی
راستی   کسی نگفت
که بساط خِرد   کجاست
چند جان هنوز   به بساط خِرد   بجاست
آنجا کجاست   که جان را شود خرید
چند بایدم   که شود   نقد جان خرید
تا بذر جان
در باغ خانه دل   پرورش دهم
و آنگه   به عطر خِرد   شبنم اش دهم

آه
آن سیب های له شده
آن قلب‌های   له شده
چشمم   به خاک پای شما   خیره گشته بود
شاید به لطف   نوازید دستکم

باز هم   هنوز هم
چشمم   به خاک پای شما
خیره است هنوز
چشمم به خاک کوی شما

چشمم بدست شما دوخته است هنوز

له‌گشته بود سیب دل من چه بی گناه
چشمم نشست به خاکت به صد نگاه
قلب شما چطور ؟ چشم شما چطور ؟

زندانی

پدرم میراث بر خشم جهان
و اسیر ی بدست عصیان
مادرم بود اسیر ظلمت
سایه جهل
به در و بام حیاط پرو بالی میزد
دیو وحشت
به دیوار حیات سایه‌بر سر میزد

من و خواهرهایم وبرادرهایم همگی زندانی
همگی هم زندان
و دو همبند که تسلیم نمودند تن مارا به جهان
صحنه آرای جهان ما بود
و دو هم بند هر کدام از یک سو بند بگسسته
نام آن کلبه محبوب
خانه ما میبود
ما و زندانی و زندانبانان همه با هم بودیم
گرچه در صحنه شهر آشفتیم
هرچه بود هرچه گفتند گفتیم
ما از آن خانه ستم را رُفتیم
این تمام میراث با خود آن را همه جا ما بردیم

ما ز آغاز جهان زندانی
ما به آغاز جهان قربانی
هم نشینان در بند
هر دو شان قربانی
ما شدیم قربانی

این تسلسل باقی
آری این بود حکایت آری
تو نگو وصف جنایت باری
ما ز آغاز جهان قصه آن را دیدیم
اینک این خانه که نامش زندان
خود نشانی ز همان زادگه زندانی
آری ای هم زندان
ما به آغاز جهان قربانی
جهد بیهوده نبر تا بخری آزادی
جهد باید شکند سلسله قربانی
و ز آغاز جهان آزادی
بند ها را ز بُن اش باید چید

اندیشه های باز

اندیشه های باز
عمرت دراز باد
اندیشه های باز
این است اساس راز
در آسمان ستاره ها
در اوج و شاهباز

اندیشه های باز
رختی ز نو به تن
بر کهنه لباس ذهن
دستی زنند به تار
تا بگسلند تار
رقصی به اوج تن
آنهم به صد نیاز

اندیشه های باز
بازند و میروند به ناز
بر قله های ساز عدم
سازی به نقل عدن میزنند باز

اندیشه های باز
افسون راز
در دوردست ها دراز
دریافته راز
افسون به صد فروغ
پر میگشود باز

با پای خود به ناز
رقصد بر آسمان
و آن هم چه بی نیاز

اندیشه های باز
می برد و می کشید
من را به صد سکوت
پرواز پُر   زیر پَرش
بر او نگاه را
پرواز میدهم

افسون راز
کنون گشته است نیاز
ره را به کوچه موعود می کشد
ز آنسوی راز
دری گشته است باز
تا هرکسی
آگه شود ز راز

اندیشه های باز   این است اساس راز
باز هم شکوفه کن   بر آسمان بتاز
اندیشه های باز   عمرت دراز باد
عمرت همیشگی   خطت مدام باد
عمرت همیشگی   سازت همیشه کوک باد

آرزو میکنم

آرز ومیکنم
سطر پایانی اردیبهشت
یا نقطه پایان آموختن
سطر پایان سفرباشد
بیا تا دررو زاول مهر
فصل آموختن با مهر معرفت
انبوه اندوه یاران رفته را بایکدیگر گوئیم
شاید ستاره ای دمد
به رویا هائی که رنگ شب گرفت
حقیقت نور را ارزانی دارد و نور پاشد
بیا تا ستاره ای سازیم و براه شب زدگان بیآویزیم
شاید روزی اندوهی راا زدلی بردارد
بیا
چشم براهم

در کشور ایرا ن ماه اردیبهشت پایان سال تحصیلی و
و ماه مهر شروع سال تحصیلی و آموختن می باشد.

پرده بکارت

صحبت از باکرگی(۱) است
سربسر قصه که‌پوشیده شده زیرلحافی کهنه
زیر لحاف اوهام
سربسر گشته خرافات
وضعیت این جوراست که نباید باشد
بسیار ساده
معنی باکرگی
پرده ای هست بدور کانال
باید ش باز بود
و حتی نوزاد
در تولد بایدش باز بود
و اگر بسته بود
نقصی است
بایدش باز شود

امّا در ضمیرمردم
باکره
پرده ای بسته به ثبت میآید
کاذب است تصویرش
پیرهن وهم و دروغ دوران به تن اش میآید
آنچه بسته است
بی گمان پرده های گوش است
که نخواستند پذیرا گردند که حقیقت چون است
گوش ها باکره است

دربیان موضوع

پرده باکره را   بسته به تعبیر کشند
و اگر باز بود   غیرت و ناموس به سر دار کشند
و اگر باز بود   بدترین عیب بود
نانجیب هرزه‌ای   بد نام بود

راستی   چون که نیکو نگری
بدترین عیب
گوش های من و تو مسدود است
و بکارت باز است

انگار ی
بن بست پرده عفت ونجابت
قصه بستگی   پرده ناموس بکارت
ماسه ی کهنه   صدافسانه است
در سر راه   نفس بنشسته است
آنچنان است   که راه نفست را بسته است
بی دانش   تو رها در بادی
وبه آن‌سوی‌روی   باد رود
بی دانش   ما رها در بادیم
و به آن سوی رویم   باد رود

در محیط علمی
طرح این مسئله   بسیار قبیح
مسئله ناموسی   شرممان باد
طرح این مسئله   در محیط علمی
به تساویست   به کوچه بازار

آری
پرسش و پاسخ   این سرّ عجیب !
زیر چتر گنه و خجلت   بی منطق و بی مفهومی

پخش شد هاله ای از شرم و گناه در مکتب
طرح این مسئله خود مسئله ساز
چه فضائی آورد
در فضا مسخرگی موج فکند
یا نکوهش
که چه پررو باشی به هوا بال فکند
تو خجالت نکشیدی که چنین پرسیدی
شاید
اخراج شدی از مکتب
جرم ات این بود که سئوالی به ضمیرت آمد
جرم ات‌این‌بود که اسرار که اسرار نبود
تو عیان‌میگفتی

حاصل پرسش این وسوسه ها
یا که هرگز به جوابی نرسیدی هرگز
یا به ابهام جوابی دادند
هر دم ا زپاسخ گنگ
عطش ات افزون تر
یا به سردی از آن بگذ شتند
حتی استادان ریش داران چون بُز
بُز نگه داشت به دکان علف
فیلسوفانه سری جنبانند
آری پاسخ روز به نرخ ارباب
به بساطش گسترد

خوب معلوم است
حرفها کوچه و بازاری و در حًد عوام
حرف تکراری مادر هامان
ای بسا بس بشنیدیم ز خلق تکیه کلام
"بله استاد چنین فرموده"

صوت ها همه یک اندازه
نغمه‌ای بود زجیرجیرک ها
هر چه در شان و خور بازار است
نه هر آنچیز که در شان و خوریک عقل است
بله استاد چنین گفت که مادر میگفت
بله استاد چنین فرموده
شد معیار جهان هستی
شد بنیاد قضاوت سستی

فاجعه
آن زمانی که معلم ندانست جواب
نتوانست که بگوید که" نمیدانم من"
مُرده بود جرئت ابراز نمیدانم ها
آن چنان استادی که بترسد که بگوید " نمیدانم من"
مغلطه میداند
زیر پیراهن شرمی کاذب چهره پنهان دارد
یا حجابی ز تقوا و ریا به تن لخت سوادش دارد
بس به اوهام فزود
راه را کج تر
این چنین بود جواب پرسش
عاقبت اصل سئوال
رفت و سقط شد بهنگام سئوال
شاید هم یک محتاط
زیر لب زمزمه کرد
خوب چه حاصل از این نغمه نابشنیده
آنچه بازار نپسندد
پس چرا دستمالی به سری دردش نیست

من هنوز نادانم که چرا
بذر راستی به درگاه کبوتر ها نیست

و در آن سو کبوتر تشنه
درهوای سینه آسمانی ز سئوال
بس هوائی پر مِه
عطشی افزونتر
وهم پُر مایه
او پرید سینه گنگ مِه پُر آلوده
با پر آلوده

چو نجوئی نه جوانی
چو بجوئی چه جوابی
همه اوهام چه بکر که به دیوار یقین میماسد

سرب سنگین سئوال توو بی خوابی ها
قصه هردم تکرار تو و آشفتگی این شبها
سر بسر زیر لحاف کهنه
گوش‌ها پر ز دو صد افسانه
تا که شاید شنوی حرف و حدیثی تازه
چون نیابی تو حقیقت چون ماه
نور در کاسه نباشد که ببخشی بر راه
گر ندانی تو حقیقت با علم تو بجز یک تکرار
تو چه داری که سپاری به نسلی دیگر

ماسه ی کهنه صد افسانه
در سر راه نفس بنشسته
آنچنان‌شد که راه نفست را بسته
و تو مسلول‌شدی زآتش صد افسانه
وقرنطینه بدورت بسته
گل جویا بودن پر پرو رفت به باد
بی دانش تو رهائی در باد

و به‌آنسوی روی باد رود
بی‌دانش تو چه‌دانی‌و چه داری
که ببخشی به نسلی دیگر

و چنین بود حیات پرسش
مرده شد وقت سئوال
موضوع مسدود به جمال
همه اوهام بکارت به کمال
و حقیقت به درگاه کبوترِ نایاب
مرغ اندیشه ز پرواز بماند
گوش ها باکره ماند

حاصل کار
کبوترها گیج
تشنه و تفت زده
در دشت کویر برهوت اوهام
زرق و برقی ز مرداب وسیع اوهام
شد سرابی که کشاند در دام
یک اسیری وغریقی دیگر به میان‌اوهام
خسته پا خفتی وهر لحظه فرو میرفتی
بدرون مرداب
روی سر کهنه لحاف دیروز
رازآن تونل اسرّار و مستور به زیر پرده
بر در تونل تاریک به جادوی هزاران ساله
هر دَمت دست نیازی که به رازی برسی
هرچه آمد صدا بود ز جادوگر سکس
هر چه آمد ندا بود ز دالانگه رشد
که به اصرارتو اسرّار به عشق تعبیر شد
همه اسرّار شد از بمب اتم های غریب
بمب ناموسی و غیرت در بین

تو و مسخی و فریبی از وهم
چونکه راهی به سر منزل مقصود نرفت
ناگزیر بستر مرداب ز اوهام پذیرای تو رفت
دل به این خوش
که همه قصه همین است که هست
گوش ها بسته چو ماند
رشد فکر باکره ماند
عقل باکره ماند

و حکایت زبکارت این بود
در شب عیش زفاف
لکه‌ها خو ش نامند
و چه بد نام اگر
بردل متن سپید آبرو لکه نداشت
و عروس لکه های تقدیس
در نظرگاه سیه فکر نداشت
و داماد گنه آلوده به شک
مُهر داغ گنه بی گنهی
تاج فرق سر یار خود کرد
جبین نوعروسش داغ میکرد
نجابت را به‌دستمال‌کثیف مغزخود آلوده میکرد
حقارت ها و کشتار روان نوعروسان‌را روان کرد
چه تهمت های ننگ آلود
تو گویی
آب رو با آب زیزین عقد دائم بست
بهر جا رفت اساس آبرو رفت
گمانم آبرو خانه مسیر رودمی بست
و هرگز هم نگفتند آبرو چی هست
چه ربطی آب رو با آب زیرین است

در آن سوی دگر
عروسک
به‌رویایش همیشه شاه خوبان را سوار اسب دارد
سوار اسب‌میدارد
که خوشبختی برایش ارمغان آرد
کنون این شاه تهمت هاست
اسب را در مرکبش دارد
ویا این اسب باورها است
شاه‌را برمرکبش دارد
عروسک غروبی سرخ را
در آن طلوع روز نو میدید
و در آن نو بهار زندگی
او لرزه های اضطراب میچید
روز را شب دید
خانه امید سیه تر دید
نچیده غنچه های بخت
اسیر بادو باران بلاً میدید
و سیمین ساق‌بی فردا
درون‌حلقه زرین اسیری دید
ز ترس‌خار های آن قفس
وحشت بر اندامش مسلط دید
ز بار تهمت شاهزاده‌اش
اکنون وصال مرگ هموارتر دید
که تا شاید رها یابدزآتش
مرگ خود را آرزو کرد
سپس در آرزوی یک خزان لحظه شمار ی کرد
چرا که‌حجله گاهش آتش نمرودیان بود
به مهتابی خانه دار پیکر را مجسم بود
سیه بخت سپید دامن دمی آرامشی را آرزو بود

صد عروسک بدون فردا
بینوا دختر خلقی بی مغز
شوکران باده بی چاره بدبخت بدست
بینوائی که دمادم نوش است
در دو صد دام ز تهمت
که حکایت ز بکارت می بود
آری آن قطره خون مشهور " سه قطره خون " (۲)
اگرش قطره خون لکه نبود ننگ که بود
بیگناهی به درون حجله جام زهری در دست
شوکران نوش نمود
تا که ننگی که‌ننگی نبود بردارد
نام ننگی به دل هر چه سیه فکر جهان‌بگذارد

مصیبت نامه را
او با سرود غم شروع آخرین‌بود
به‌ننگ آلود فکر یک قبیله
خون بهای یاس ایثارمحافل‌بود
برای ختم نامه
سه قطره خون پاکش مُهر پایان بود

واین است فاجعه یاران عزیزانم
بیا بذر حقیقت را بدرگاه کبوتر ها ببار آریم
بکارت پرده ای مسدود نمی باشد

Hymen :A fold of mucous membrane partly closing the vagina : Webster's Dictionery

۱. پرده بکارت : عبار ت است‌لایه یا پرده ایست حلقوی مانند که در قسمت تحتانی کانال‌واژن(مجرای نزدیکی) قرارگرفته است .بطور طبیعی باز است تا ترشحات از قبیل ترشحات زنانگی و خون قاعدگی به خارج بریزد .

در موارد بسیار نادر به علت نقص مادرزادی‌این مجرا مسدود میباشد وباید حتماً توسط کسی که زایمان را انجام میدهدمعاینه و باز میشود.

مجرای واژن بطور طبیعی دارای ترشحاتی است که عمل نزدیکی راحتر انجام شود .

در مواردی نزدیکی بدون درد وبدون پارگی پرده بکارت صورت میگیرد و این میتواند مربوط به میزان ترشحات بهنگام نزدیکی و ساختمان دستگاه زن و مرد باشد.

واگر دستگاه تناسلی مرد کوچک باشد عمل نزدیکی بدون درد و پارگی پرده بکارت امکان پذیرتر میباشد .

ندیدن خون ندیدن لکه و یا عدم پارگی پرده بکارت دلیل کافی و قانع کننده ای برای متهم کردن نوعروس به‌داشتن رابطه جنسی قبل از ازدواج نمی باشد.

۲. سه قطره خون اسم کتابی است ازصادق هدایت

نگارنده: بدلیل اشتغال به حرفه مامائی در ایران‌شاهد مشکلات بسیاری از آنجمله خود سوزی و خودکشی نوعروسان بوده ام و نوشتن مطلب فوق را ضروری دیدم .

عدم آگاهی مرد و زن از مسائل معمول زندگی مثل‌خوره سلامت جامعه را به نابود ی میکشاند.

کسی که باید چراغ آگاهی را در مسیر مردم روشن نماید افراد تحصیل کرده آن جامعه باید باشند که در مرکز علمی کسب علم نموده اند .که حداقل در این مورد اکثریت اطلاعاتشان ناقص میباشدو خودشان در کار خود فرو مانده اند.

محصول دانشگاه بی دانش مدرکدار بی سواد است که خود باری بدوش دوش مردم میباشد و قوز بالا قوز است مثال مربوط به دستگاه تناسلی و روابط جنسی در مرداب گندیده فرهنگ و سنت جامعه به عمق ظلمت رفته و در ته دره درون جنگلی از اوهام به افسانه ای بی محتوی تبدیل شده است .و در عین حال در زندگی

روزانه مردم شناور است . و هر روز این مرداب قربانی
می طلبد .
از آنجا که موضوع بکارت در هاله ای از گناه و تقصیر و
خجالت‌هم پوشیده شده است پی آمد هائی را در بر داشته
و دارد.
زن که مورد شک و سوءً ظن و اتهام قرار میگیرد .
تضیعف روحیه تازه عروس ، تحقیر و خفت و خواری،
عدم اعتماد به نفس ، آسیبهای روانی و سرانجام
خودکشی و خود سوزی که نهایت فاجعه است .
مرد که تصور میکند به او دروغ گفتند و مورد سوّ استفاده
قرار گرفته ، و یا آنچه دیده منطبق با آنچه که شنیده
نمی باشد . جائی هم وجود ندارد که برود و جویای
روشن شدن مسئله شود .چون مسئله با موضوع ناموس
و غیرت توام است به ناچار به خانواده اش مراجعه میکند .
ویاهمیشه سایه یک توهم و اینکه به او دروغ گفته شده
با خود بهمراه میبرد.
خانواده داماد هم در اکثر مواقع جز حفظ منافع آنی
پسرشان هدف دیگری را دبنال نمیکنند .
گاهی نیز توام با خبث طینت و کشتن گربه دم حجله
و اینک خانواده شوهر حرف آخر میزنند دامن اختلافات
بالا میگیرد.
بسیاری ا زمادر شوهر های فهمیده و دانا نقش سازنده
خود را در رفع این‌نوع اختلافات بخوبی ایفا نموده اند.
که درود و سپاس فراوان نثار آنان باد
خانواده عروس هم مورد بی احترامی بی مهری و تهمت
واقع میشد که نه تنها دخترشان دختر خوبی نبوده بلکه
خانواده اش نیز آدمهای نجیبی نبوده اند.
مخصوصاً اگر آنها دختران دم بختی در خانه داشتند
خود را مجبور به تحمل هر نوع حقارت میدیدند از ترس
اینکه مبادا موضوع علنی شود و دیگر کسی از دخترانشان

خواستگاری ننماید.
محیط خانوادگی زوج تازه دستخوش ناامنی روانی بدلیل تهمت ، شک، بی احترامی ،هتک حرمت ، عدم حرمت نفس اضطراب و نگرانی محیط ناسالمی برای کوتاه مدت و در بعضی مواقع تمام عمر ایجاد مینمود .
درسایه اضطراب ووحشت ومحیط ناامن زن نمیتواند نقش سازنده خود را در آموزش و پرورش فرزندانش ایفا نماید.
محیط خانواده آسیب دیده و ناامن و کودکان آسیب پذیر .
و سلسله زنجیر مشکلات در پی یکدیگر روان .
آبرو ، تحت شرایط بی اساس و بی منطق ، آدمها مسخ جلوه گاه دروغین آبرو شده بودند.
انگار آبرو عقد دائم با آب زیرین داشت ودر بسیاری موارد آبرو را پیراهن عثمان میکردند تا عقده چرکی تجربه های تلخ سر باز کند و هر فرد در گیر ماجرا ، به نوعی اظهار نظر و یا آتش بیار معرکه شود .
مردمی که جز حرف های تکراری مادر بزرگی و یا استاد چنین گفت تمایلی به آموختن نداشته و ند ارند و یاعلاقه به یادگیری در خود کشته و بهر دلیلی دنبال یادگیری نیستند.
محیط دانشگاه و آموزش هم با معلم و استاد بی سواد که باسواد تر از بقیه مردم است و نقش روشنفکررا در جامعه دارد چون خود نیآموخته حرف های تکراری را تحویل مردم میدهد.
در برخورد با افراد تحصیل کرده در ایران و در امریکا عدم آگاهی آنان را شخصاً شاهد بود م .افرادی با تیتر های بالای علمی .
بهنگام تحصیل در دانشگاه متوجه شدم که دانشجو نباید هر سئوالی به ذهنش آمد مطرح کند مخصوصاً اگر مربوط به دستگاه تناسلی زن یا مرد و یا رابط جنسی باشد .

رشته تحصیلی من مامائی بود حتی طرح سئوال (صد البته نه بعنوان جوک و یا مزاحمت بلکه برای پی بردن به موضوع) بسیار مشکل بود و اکثر اوقات غیر قابل تحمل برای استاد .

بسیار افراد تحصیل کرده رشته پزشکی و پیراپزشکی نیز اطلاعات علمی را ندارندوا ین افراد معلمان غیر رسمی جامعه هستند.

این مشکل مختص مردم مملکت ما نمیباشد . حتی دیدم د ر مجلات امریکا نیز (تین ایجر ها) موضوع بکارت مورد بحث و سئوال و جواب بود.

حتی در یک برنامه تلویزیونی مشاهده کردم که در کشور جردن برادری خواهر خود را به جرم عاشق شدن به قتل رسانده بود و آزادنه به شغل خود سقائی در شهر با کمال سر بلندی مشغول بود و مورد تحسین افراد آن شهر نیز بود. و دردناکتر که مادر این خواهر و برادر ابراز غرور و افتخار میکرد که بله پسرم کار درستی کرد که خواهرش را کشت . تصور کنید که جرم فقط عاشق شدن بود حال اگر جرمی نظیر باکرگی مطرح شود چه فاجعه ای خواهد بود .

ملکه جردن (امریکائی الاصل است) توانسته مرکزی برای نگهداری دخترانی که مورد خشم و غضب خانواده خود هستند و جانشان در خطر است ایجاد نماید .

این مرکز دارای دیوار های بلند چون صومعه های قدیم است . و دختران همچون راهبه های دیر ها در آنجا در قرنطینه بسر میبرد یاد جذام خانه های ایران افتادم .

در آنجا حداقل جانشان در امان از شر خانواده خودشان هست و جرمشان این است که چرا احساسات طبیعی یک انسان را دارا هستند .

جای دارد از همت و زحمت ملکه سابق جردن سپاس فراوان داشت مطمئناً کار بسیار بزرگ و سخت بوده حتی

برای یک ملکه باهمه امکاناتش .
خوشبختانه مردم فعلی سرزمین ما دارای چنین افکاری نمیباشند و این میسر نگشته است مگر به همت والای آزادگانی که سینه خود را سپر بلا نموده اند
درود و سپاس ما نثار آزادگان باد.
امکان اینکه نوشتن مطالب فوق سبب سنگسار حداقل با قلوه سنگ های تمسخر ، متلک و یا فحش به نگارنده باشد وجود دارد .
همه سنگسارها بر تنم مبارک باد اگر در این رهگذر چراغی فراسوی راهی روشن شود .
به امید اینکه از بروز حوادثی ناشی از عدم آگاهی در این مورد تا حد ممکن و مقدور پیشگیری بعمل آید .

بی دانش ما رها در بادیم
و به آن سوی رویم باد رود
دانه از خرمن دانش بردار
راستین را به درگاه کبوتر بگذار

غم از فردای نامعلوم دوزخ

غمی چندین هزاران سال باما
غم از فرادی نامعلوم دوزخ
بدست باد بسپردلحظه های ناب
و صد افسوس
هدر داده است عمری را به نادانی

شرابی کهنه در دشت مغان
و سوز عشق درون سینه ام سوزان
طلوع تازه می خواهم

طلوع تازه می خواهیم
که غم های تهی واهی بدست باد بسپاریم
ودر این لحظه های ناب بی همتا
بشادی گل بر افشانیم
شراب ارغوان عشق را در ساغر اندازیم
ودریابیم این دم این لحظه‌را اکنون
این جوهر هستی

به دیروز زمان مرده نیاندیش
کنون این لحظه را دریاب
غم فردای نامعلوم دوزخ را رها کن
بدست باد بسپار غم دنیای واهی ر ا
کنون این لحظه را دریاب
دم را غنیمت دان
طلوع تازه ای دریاب

در بسته

در هر ره بسته   و تو هم بنشستی
نگهت سخت   بدست دگران
شاید آید فردی   و دری باز کند
و نگاهی به گذر
شاید فریاد رسی گذرد ازاین ره
شاید این   فرد
شاید امروز
شاید این وقت
شاید این جا
و هزاران شاید
انتظاری به عبث بیهوده
دست غیبی ا زغیب
و خود تو غایب به کناری چه عبث بنشستی

باز کن در
تو چرا بنشستی
انتظارت عبث است
گِله ها   بیهوده است

باز کن در
گر میسر نشود قفل شکن
گر که مقدور نشد شیشه شکن
شیشه و و پنجره و در بشکن
مور (موریانه) در را بجود
کمتر از مور نه ای

یا که‌آن زندانی
که اسیر است به صد دام بلا
به سرانگشت محن میله آهن بجود
به هزاران زحمت آهن سخت بلا می بلعد
تا رهائی یابد
گرچه آنی باشد

باز کن در
کمتر از مور نه ای
پای چوبین بگذار
در چوبین بگشا
راه باز است
انتظارت عبث است
شب رود صبح رسد
نور به راه تو رسد
باز کن در باز کن
پشت در نور ترا منتظر است
باز کن در

یک اثر

هر چند نگاه هست به چشم آن توان بود
تا بیند آن نهان و بگوید چهابدید
هر چند گوش هست نیک شنیدن توان بود
تا بشنود حدیث تازه و گوید چها شنید
اینک بیان و قدرت گفتار در میان
گوئیدو باز نویسید بدانندزما چه‌ماند
دردرک کائنات زندگی و این شرایطش
هر رهروی به‌حل مشکل آن راه می گذارد
تنها ز رفتگان به اثر یک نشانه ماند
نام و نشان ز بی ثمران هیچ جا نماند

گفتگو

گفتی که عشق چیست
گفتم رهائی است
گفتی وصال چیست
گفتم اسارت است
گفتی بمان تا پای جان
گفتم محال هست
گفتی گریز پای
گفتم چنین که هست
گفتی رها نشو
گفتم نهایت است
گفتی جدا شوم
گفتم سعادت است
گفتی جفا ست
گفتم جفا به کیست
گفتی به من
گفتم به من
گفتی وفا بکن
گفتم وفا کنم
گفتی به کی
گفتم به من
گفتی بدست ماست
تقدیر و سرنوشت
گفتم نوشتمش
بنگر بهشت

وصیت نامه

تقد یم به عزیزانم نیلوفر و رُز

به مرگ من عزیزم
رختی از شادی به تن بگذار
و دست افشان و پا کوبان رهائی تنم را
با سرودی خوش، پذیرا باش
جها ن د رگردش ، ما هم چنان ذره
بدو ر گردشش در گردشی هستیم
نبودنها نشان ا ز نیستن نیست
و بودنها نشان هستی ماهم نمیباشد

و آن هنگام در فکرت مرا تصویر خواهی کرد
و آنگه زندگی با تست
جام این جهان در دست تست
عزیزم ، نازنینم
دمی را مغتنم بشمار
دوستت داشتم دوستت میدارم دوستت دارم
چه فرقی می کند جسمی چنین خاکی
گهی توده ، گهی ذره
مهم این است دوستت دارم دوستت دارم دوستت دارم

اگر از توده جسمم کسی را مرهمی باشد
به درگاهش ببر ، ایثارگر ، در پای او بگذار
که شادی و فروغ دلخوشی هایش تماشائی است

جهان در گردش است ای نازنینانم
من چون ذره‌ای در خاک کوی تو
به کوی تو وجودم ذره ام پرواز گیرد

که تا حول حریم تو به خاک پای تو افتد
بپایت بوسه اندازد
عزیزم ،نازنینم ، نگاه دیگری را براین جهان انداز
جهان در گردش و ما هم چنان ذره
بدور گردشش در گردشی هستیم
دوستت دارم ، دوستت دارم ، دوستت میدارم

بی اعتباری کلام

کلام هم ز اعتبارسقوط کرده است
چها رسید به جمع این جهانیان
که این چنین زبرج اعتماد مطرود
به دره سقوط انحطاط معزول گشته اند
ز قله های برج اعتماد و راستی پرت گشته اند

به بین که تاکجا رسیده ایم
یک پاره کاغذی مهمتر از کلام
نوشته های کهنه بر کتابها
مهمتراز شعور
سیه خطوط بر سپید کاغذی
که آس بازی و
کلام آخر است
سپیدی کلام تو
سیاه و باطل و
کلام یاوه است
شود که دره سقوط
ز هیبت جهانیان تهی
و بام برج حرمت جهانیان
پر ا زسپاه سر فراز
و حرمت کلام
چو تاج بر سر جهانیان
نکوترین نشان آدمی
و قبله گاه منظر نگه شود
نکوتر ازهمیشه اش بیان شود

زورق شکسته

با زورقی شکسته
بر این گمان که کِشتی‌است
رفتیم بسوی دریا
ما در ره خیالی
در خواب ره سپردیم
بر آب تکیه دادیم
در بستر خطر ها
زورق به باد دادیم
غرقی شب نشسته
پائی به گِل نشسته
در پای بود اسارت
بر باد بود رهائی
آن زورق شکسته
آن آرزوی دیرین
اکنون شکسته اند هر دو
بر گِل نشسته اند هردو

شبنم

بروی برگ گل یک صبحدم آرام بنشستم
به گُل گفتم
منم
شبنم
و آنگه
بر خودم یکدم نگه کردم و دیدم
چه زیبایم چه شفافم
طراوت طراوت
نشاط هر گلی از من
حیات از من
نگاهی هم به برگ گل نمودم
زیباست امّا
این وجود من به سطح او
چه زیبا تر چه رعناتر
این منم
این منم من
وجود من دو صد زیبا کند گل را
به خود گفتم بگویم راز دل با او

به او گفتم
بلورین پیکرم بنگر
چه زیبا یم
چه شفافم
و حتی نور هم
وقتی به من بر خورد
جلوی من بزانو آمد و خم گشت

تو بی من هیچ
تو بی من برگ خشکی
طروات تازگی تو همه اش از آن من باشد
منم هر صبحدم آیم
و آنگه صورتت شو یم
و گر نه
تو خواهی مرد از خُشکی
تو خواهی مرد از ز شتی

گل نگاهم کرد
نگفت چیزی
سکوتی د رسکوت صبح پیچید

من آرام روی سطح گل خزیدم
نزدیک تر رفتم
که شاید بشنود بهتر صدای من

به او گفتم نگاهم کن
ببین زیبای زیبایم
بدون من تو خشکی و خشک
بگو چیزی
و گل
صبورانه مرا باز هم نگاه میکرد
باز هم هیچ حرفی نبود از او
سکوتش سخت آزارم همی میداد

تفکر بود ، صبوری بود ، و او باز همچنان ساکت
و آنگه فکر کردم
چرا بر حرف من پاسخ نمیگوید
چرا زیبائی من را ستودنها

و یا تا ئید حرف من که ز یبایم
و شاید هم تصّور میکند
سکوت هم بهترین پاسخ برای ابلهان باشد
اوه نه
که من‌آبله نمی باشم

به او گفتم
چرا چیزی نمیگوئی
بگو من را تو میبینی
بگو هر چه طراوت در تو هست از آن من باشد
بگو آیا زبان داری
کری کوری و یا لالی
بگو آ خر ، بگو چیزی ، بگو آخر
و گل باز هم نگاهم کرد
آهی‌ز حیرت برکشید و گفت
چیزی ندارم پاسخت گویم

با خود اندیشه میکردم
چرا هیچی ندارد تا بگوید
حسود است او ، حسود است او
و از غم گریه میکردم
در این اندوه ناگاه دریافتم
آه .... آه ...... آه ....
چقدر آبله ، چه نادان و چقدر بیچاره می باشم
چرا با گل به این خوبی سر پرخاش برداشتم
چرا من قیل وقال بی خودی بی حاصلی داشتم
و آنگه نیک دیدم
چه بهتر
تا زمانی هست و فرصت هست
راه بهتری گیرم

فنا را برگزیدم
من آرام از کنار گل
بدور ساقه پیچیدم
به پائین و پائین تر همی رفتم
رسیدم من به خاک پای گل
به خاکش بوسه باریدم
و آنگه من پذیرای فنا گشتم
بزیر خاک رفتم
خاک بر سر نهادم
کنار ریشه ها آرام بنشستم
کسی حتی پذیرای وجود من نشد یاران
صدا کردم که   من مُردم
که تا دانند این "من" "من" مُرده است اکنون
که مُردم از تب آن خود پرستیها
رها گشتم رها گشتم
و من مُردم که باز هم از خودم   سازم خودی دیگر
هدف شد در دل گل جا کنم خود را
به پائین تر فرو رفتم پائین تر
که شاید ریشه بگشاید ، در خود را بروی من
سر انجام ریشه ای در را گشود بر من
به آرامی خزیدم من درون ریشه‌ائی آخر
درون ریشه راهی سرد و بس تاریک
عبور ا ز آن گذرگاههای نا هموار
و من با شوق وصّل گُل راه پیمودم
طی طریقی بود
هرگز هم نفهمیدم که‌دشواری و سختی بود
و رفتم تا رسیدم من به یک ساقه
به بالا و بالاتر درون ساقه میرفتم
سپس پیوسته و آرام ره‌رفتم

و آنگه من به گُل پیوند خوردم
درون شیرهٔ گُل جای خود را دست و پا کردم
نشستم در دل گُل
ساکت و آرام

در این هنگام گُل گفتگو آغاز میکرد
به آرامی گفتا
تو اکنون در وجود من
حیات جاودان من ، از آ ن تست
و اکنون شیرهٔ جان گل زیبا ، تو میباشی
وجود تو تماماً عطر من باشد
و حتی مرگ هم نتواند مرا از تو جدا سازد
و عطر تو مرا فریاد خواهد کرد
بقا ی من وجو د تست

به ا وگفتم
نگه کن این توئی من را بقا دادی
حیات جاودان دادی
تو بودی با صبّوری های خود فرصّت به من دادی
پذیرا ی وجود من شدی آخر
و گر نه من درون فصّل تابستان
بهمراه هوا میرفتم و در آ سمان در باد محو میگشتم
و یا در خاک میماندم و مُیمردم
تو بودی این تو بودی
از من و پرخاش من هرگز دمی چیزی نمی گفتی
مرا از دامن پر مهر خود هرگز نمی راندی
تو فرصّت را به من دادی
که تا لختی بیاندیشم
و من هم خود اسیر خود پرستیهای خود بودم
ندانستم که من یک سطح زیبایم

تو بودی یاد دادی
ره و رسم فنا را خوب دیدن
و اینک عطر تو درمن
حیات جاودان با من
و اسرار وجود عطر گل با من

و ا ود رگوش من نجوا کنان میگفت
تو اکنون هر کجا باشی همه خواهان تو باشند
تو لذت بخش رویائی تو عطر این گلستانی
عزیز و بهترین باشی سهیم دلخوشیهای عزیزانی
تو جاویدی تو جاویدی
و گل گفتا:
تو بی من هیچ
و من بی تو هزاران هیچ میباشم
نگه کن من فقط یک راه بودم
که تو ا زآن گذر کردی
و من اسباب می باشم که تو خود را در آن تقطیر کردی
بقای تو مبارک باد و
عطرتت بر سر هر کوی و برزن باد
تو خود از خویشتن رستی
فنا را برگزیدی ، جوهر هستی بنا کردی
بقای تو مبارک باد بقای تو مبارک باد

بقا : پایدار ماندن ،همیشگی ، جاویدانی فرهنگ معین
صفحه ۵۵۴
فنا : سپری شدن ،نابودی ، سقو ط ، زوال ، فرهنگ
معین صفحه ۲۵۷۵
نگارنده:
بقا : در این گفتگو بقا به معنی حیات پس از مرگ بکار
گرفته شده است که یک بحث فلسفی و عرفانی در ادبیات

است .و در واقع یک آموزش اساسی و مهم برای انتخاب نوع زندگی میباشد .
نمونه های واضح این افراد پاستو رکاشف میکرب ،حافظ شاعر و فیلسوف ایرانی ، فلمینگ کاشف پنی سیلین ، گاندی سمبل آزادی خواهان‌جهان است که حتی پس از رفتن از میان این جهانیان هنوز هم زنده اند . نامشان و اثرشان د رجهان جاودان است
فنا : در این گفتگو نظریه فنا در بحث فلسفی‌عرفانی عطار شاعر فیلسوف ایرانی‌درکتاب منطق الطیر مدّ نظر بوده است .
فنا یعنی نابودی " من " خود خواه و یا زندانی بیچاره ، فنا یعنی ا زمنیّت خود رها شدن میباشد.
بشر توانائی این را دارد و می تواند برای رهائی بخشیدن خویشتن خویش از زندان اسارتی که بدست خو دو یا تحت شرایط محیطی‌بوجود آمده است‌اقدام نماید و بجای‌پرداختن به مسائل پیش پا افتاده هدف والاتری را برای خود در نظر بگیرد و سرانجام قادر خواهد بود نقش بهتری در این جهان داشته باشد .تا آن جا پیش رود که نامش درجهان جاودان بماند.
شبنم : یک قطره آ ب‌است روی گلبرگ و برگها می نشیند دراثرحرارت و یا مجاورت با باد تبخیر خواهد شد .
شبنم در این متن سمبل آب است که برای حیّات لازم و ضروریست .همین یک قطره آ ب وقتی که در عصاره و یا شیره گل جای گیرد دیگر یک قطره آب نیست عطر گرانبهائی است .
این مثال‌در مورد ما آدم ها نیز صادق است .
عطار فلسفه فنا و بقا ر ا .مطرح می کندو نظر به تعالی وجود انسان دا رد.درکتاب منطق الطیر مراحل‌تعالی‌را که یک مرغ طی‌میکند تا بتواند ازخود یک سیمرغ بوجودآورد وبه بقا یاحیات جاودان برسد ، شرح میدهد

به همه خوانندگان پیشنهاد میشودکه کتاب منطق الطیرعطار را که گنجینه ای پر بهائی میباشد بخوانند .

نیک بر چین

در خود و خویشتن ات کاوش کن
نیک را بین بد را نیز
نیک بر چین
تو اگر در خُور خود بد داری
به تن اتبد تو روا میداری
چه توقع دگر از یاری مردم داری
لحظه ای نیک بیاندیش
این جهان آسان گیر
راه خود ر ابرگیر
نیک بر چین
تابش نیک به چشمت تابد
صورت آینه ات جلو ه گه نیکوئی است

جدائی

جد ائی بهتر از مرگی درون زندگی باشد
ا گرچه‌باور این بود کبوتر با کبوتر باز با باز
ولی هرگز ندانستم کبوترهای‌بی پرواز
مرغ خانگی مانند
کبوتر های‌پروازبلند سیمرغ میمانند
درون یک قفس سیمرغ بامرغی برابرنیست
و تحمیل یکی بر دیگری سخت است
برای هر دو تن آوای ناموَزون آهنگ است تلخ است
تفاوتها میان مرغ با سیمرغ تفاوتهای بسیار است
و مرغان درفرو دستی یدّی بالا بلند دارند
و سیمرغ‌درتهی‌ازخویشتن بالای پرواز است
تفاوتهای بسیار است
و آهنگی‌چنین ا ز وزن خود خارج
فضایش سرب سنگین است
و مرگ لحظها ی زندگی وراهی سخت بن‌بست
همان بهتر که ا زاین راه برگردیم
تاَوان عمری است رفته که هرگز بر نمی گردد
بروی سینه زخمی هست میماند
جگرسوز مُهر یک داغ است
همان بهترکه زودتر ازره‌بن‌بست برگردیم
و آن مرغ فر ومایه همان بهتر که در پائین نشیند
تا ابدماند و دانه از زمین چیند
و آن سیمرغ ر اپروازی بلند در ماورآی آسمان باشد
جدائی بهترین راه است

ترس ا زدوزخ

چراترسی چنین مو هو م
ز دوزخ در وجود تست
که هم چون گند مردابی
ترا در کام خو دبلعد
هزاران سال در آن غرقیم
چرا مردن درون زندگی
ز ترس دوزخ خود ساختگی
بیا تا برکشیم رختی
ز مردابی چنین بد بوی
و گوری این چنین مردار
چرا مُردن دورن زندگی

به بزم منطقی سالم
توان بخشیم خرد را عقل را
توان واقعیت دیدن
توان راست گفتن را بیآموزیم
و تصویری چنین کاذب
توهم هست دوزخ و دور از منطق
چنین هول و هراسی از مدار ذهن برداریم
چرا مُردن زترس دوزخو دوزخ درون زندگی سازیم
درایام خوش سازندگی هم زندگی سازیم
بنای زندگی بر زندگی سازیم
دم اکنون خوش است
پس از مرگ هر چه بادا باد

لذت دیدار

عارف ز سرّ عشق سخن گفت و شوق دیدن یار
چون چشم عاشقان لذت دیدار آرزویم هست
یک جرعه ای‌زلعل لبت جان چه مخمور است
آن شور مستی و حال‌خوش‌عاشق آرزویم هست
اکنون که ساکنم به سرایش سفر به خواب ببینم
ماندن در این سرای‌چه جاوید آرزویم هست
حظ نگاه ز دیدار یار وقت وصال
این است نهایت لذت که آرزویم هست

پرستو های بی برگشت

پرستو ها ی بی برگشت
ز شهر یخ زده در ظلمت‌شبها
سفر کردند
و رفتند و رفتندو و رفتند باز
و دیگر بر نگشتند
و هجرت را به ثبت آخرین بردند
پرستو ها بالاجبار بدون چاره کوچیدند

پرستو های بی برگشت
دراین راه سفر
بشکست دل بال بشکست‌و جام باده هم بشکست
به پهلویت درو دیوار بشکست
درون سر پناهی ناله‌ها یت‌را نهان کردی
و زخم تن به اشک دیدگان شستی
نهادی آهنین میله درون استخوان خود
که تا پنهان بماند بال بشکسته
که تا پنهان نمائی دردجانکاهت
و آه و اشک غم بارت
چقدر بال شکسته در کنار خود عیان دیدی
که خم گشتند و روی بال خود مُردند

پرستوهای بی برگشت
دل خوش یا که ناخوش
در این جا خانه ای از نو بنا کردی
ستونهایا نمادی از بنا های دیارت‌را نهادی بردرخانه
که شاید این دل تنگت دمی آرام گیرد
که شا ید مرهمی باشد به زخم تو ز درد خانه بر بادت

و لی هرگز نداد آرامشی بر درد جانکاهت
ستونهای کنارهردرخانه که مثل تخت جمشید است
گواهی داد
که حتی پول هم در بهترین نقطه ز خاک این جهان
پنهان نکرد آن درد جانکاهت
دلی در این سرا از غصّه   پر پر
وگِرد غم بر روی خانه افشان است
توان آن نبود در تو
که دست باد بسپاری غم یار و دیا ر خود
و درد خود بزیر هر ستون خانه بگذاری

پرستو ها سفر کردید
چرا چون چاره ای جز این نبود در اختیار تو
توان تو نبود اشکت عیان سازی
به حفظ ظاهرت عهدی عتیق داری
و رفتی خون دل از سنگفرش کوچه های شهر
با مژ گان خود رُفتی
درون جام پنهان
خون دل درجام جای باده بنمودی
برای یادگاری   عکس زیبائی ز خود برداشتی
تو گوئی جام پیروزی است در دست
چه رنگین بود چه رنگ سرخ زیبائی
لباست شیک   لبت خندان   جام باده ای در دست
به به   چه زیبا   فریبنده   فریبا شد
کسی هرگز نمیداند چه سختی ها نصیب و قسمت ماشد

پرستو های غم بسیار
غم بی همزبانی
تا به حّد بی زبانان و لالان جهان داریم
کسی هرگز ندید

ما دائمادرمسند توجیه خود بودیم
بسا دیدیم توانائی گفتا ری نبود در ما
کسی هرگز نفهمید
زبان هست مشکل ما یا که نادانیم
رقابت ها
رقابت های بی معنأ ی تحمیلی
و آزاری که دائم میزند بر تارک سر
و تحقیری که در هر موردی بسطی دگر دارد
رفاقت ها
رفاقت های بی مایه
که های و بای سطحی را ثمردارد
تفاوت های بسیار
گهی مذ هب گهی رنگ سیاه مو
بهانه زین تفاوتها
ثمراز تنگ چشم ابلهان باشد
و نیش ضربه اش بر جان ما باشد
غم و دردش نصیب ما و ما ها شد
چقدر با این تفاوت های بی معنی
ما را خون جگر کردند
پرستو ها ی زحمت کش
گهی زحمت کشی درهرسطوحی پیشه میکردیم
که تا اسباب راحت را برای بچه‌هامان
ما کنیم ممکن
بزیر چرخ سنگین جهان یارا
چقد ر سنگ صبور بودیم
نمیدا نم چقدر خون دگرباید به دلهامون
ولی دانم که مشکل بود مشکل درد دلهامون
و این اندر درون خانه آرامش ما بود
گل شاداب احساس اصالت بود که پرپر بود
نشد حرفی بگوئی

و فرضاً هم اگر گفتی کسی نشنید
و یا گوش فلک کر بود
و گاهی نیز سری را روی زانو
درون خلو ت کاشانه خود
بیاد روز های رفته برباد
بیاد آن دیار و آشیانه
بیاد مادرو همسایه‌و یا یک دوست دیرینه
که پرپر گشته و هرگز ندیدیم گریه میکردیم
کسی هرگز ندید این اشکها
چرا که دیده اند تصویر ها عکس ها لبخند ها را

پرستو ها ی بی برگشت
پرستو ها همیشه حسرتی د ردل
چراخانه بشد بیمار و ویرانه اسیر ابلهان باشد
دیار من سرو سامان نمی گیرد
و نیست اش هیچ آبادان
و صد ها حسرت از این دست

پرستو ها ی بی برگشت
د ر این سوی جهان
غم بی همدمی بی هم دلی بی همزبانی ها
دمی نآمد که گوئی قصه درد درون خود
نمیدانم چقدر لب را بدندانی گزیدنها
بزیز بال خود پنهان نمودن درد روی درد
باز هم راه پیمودن

پرستو های بی برگشت
بیاد آن عزیزان اسیر اندر وطن
فرستادی همان عکسی که جام باده در دست است
تا خوشحال گرداند دل یاران

که آنها خود گرفتارند و بهتر آن ترا شاداب بینند
اساس فکر تواین بود دل خوش قسمت یاران
در آن سوی جهان ترا دیدند و حظ کردند
و گفتند خوش بحالش
کنون بخت بلندی شد به اقبالش
ببین باده به جامش مال و اموال بساطش
خانه در آنسوی دنیا
غمی دیگر ندارد او
بله معیار آنان
تصویر یاری جام در دست سرخوش و سرمست
اساس فکر آنان این چنین بود
حقایق د رمسیر باورش کم بود تصویر و تصور بود
و شاید
حقایق د رمسیر باورش نایاب تصویر و تصور بود

در آن سوی جهان گفتند :
در این جا ما هزاران درد داریم
غم سنگینی ارزاق داریم
غم بی پولی و تغییر ارزش ها
چه عالی شد دلار زان سو بدین سو شد
وه چه عالی شد
دگر او احتیا جی هم به این اموال خود اینجا نمی دارد
و این هم مال ما باشد !
خیانت در امانت را حق خویش دیدند
آنگاه چوب حراج بر سر اموال کوبیدند
و دزدان خانگی بودند
مالی رابه یغما از درون خانه میبردند
چرا که صاحب اش مرده
اصل مطلب ارزش انسانیت مرده
اگرگاهی ز دلتنگی براه گفتگو رفتی

به دعوا ی سر اموال گوش آزردی
یا نامه پس نامه که وضع ما مساعد نیست
اگر اندوختی مالی پس از رنجی برای وضع لغزانت
گمان این شد که گنجی خوب مهیا شد
بله گنجی پس از رنجی مهیا شد برای غیر
شروع کردند که این جا سود بسیار برسرمایه می باشد
حدیث وسوسه تا اصل با سودش به یغما رفت
هرگز هم نگفتند
که این تنها ثمر از رنج تو در شهر غربت بود
نمیدانم فهمیدند یا نفهمیدند
بدست خویش خنجر را به پشت اعتماد ما فرو کردند
خیانت در امانت
چهره اصلی عیان کردند
محک را بر عیاّر خویش عیاّران زدند آخر
غم مرگ روابط بود که در ناباوری تحمیل
غم اصل ضوابط بود
بزیر پای له میشد
و ارزش ها که لرزیدند
و رنگ خویش را باختند
وما آرام جام شو کران را نوش
باز هم صبّوری پیشه می کردیم
به پشت خنجر ز دست دوست
دلیرانه میان این نبرد نابرابر ایستادیم
و حتی کسر شان تا نام ننگینی بیان داریم
چرا تو ! چرا تو ! ای‌عزیزخانگی ! چرا تو
گهی ما خود فریبی پیشه کردیم که محتاجند
چرا که باور ما سخت میلرزید ز ترس بیکسیهامون
و یا باورکند آن ناکسی‌های عزیزان را
و یا باور کند خنجر ز دست دوست در پشت
هنوزم سخت می باشد

هنوزم
نکوتر آنکه بهتر بنگریم اصل حقایق را
بیآویزیم به هر دیوارو در عکس‌حقایق را
که این بود ، حاصل مِهری که درحدّ یقیّن بود

هنوزهم
نیاز و دست خواهش ها
از آن سوی جهان جاری
ویزا   ترتیب سفر   تحصیل فرزندان و ...و
گاهی نیز میهمانی بازی مهمان
سپس بار گلایه پشت هر گامی به دوش ما
هنوز هم   حقایق د رمسیر باورش نایاب
تصویر و تصور هست

گمان دارند
در این سوی جهان
ما در درون آن چنان اعرابه ائی رنگین
نشسته تاج زر بر سر نهاده
آه آن هم تاج شاهانه
به عکس ما نگه کردند
باده ای در دست   جام خون‌در دست
باده گلگون نمّاد پول خون ما
که ا زهر کوچه و برزن درو کردیم
بله معیار پیروزی است باما
آنها بر یکی باور
در این سوی جهان ما پول پارو میکنیم یاران
باز هم   عزّت نفس شما مرادن
صبوّرانه تماشا کرده ایم اوضاع آشفته
در آن سو
حقایق در مسیرباورش نایاب تصویر و تصور بود

پرستو های بی برگشت
تو گوئی
ما مثال دانه ای گندم
میان سنگهای آسیاب این جهان بودیم
بهر سو سنگ میگشت
تن ما زیر آن له شد
سرزمین مادری سنگ بنای ما
و سنگ رو بنای آن بشد این خانه اکنون
و مغز استخوان ما از این سوز جگر له شد
تو گوئی
نصیب ما عبور از آتش نمرّود می بود
گهی دست غریبه گه خودی آتش به میدان ریخت
کنون ز آتش گذ شتیم یا درون آن
کنون این تن و صدها جای زخم بر آن
بظاهر شاد خرم شادمان
دلیرانه میان این جهان ایستاده می میریم
هنوزهم خون دل با جاروی مژ گان
ز سطح کو چه های شهر می روبیم
درون جام می ریزیم
هنوز در سوگ احساس است می گرئیم
به پشت ما هنوزم هم خنجر یاران دیرین است
دلیرانه میان این جهان ایستاده می میریم

پرستو های بی برگشت
همه گویند هم شهری بَردریای آرام
با فرشته دست د رآغو ش آرام می گیرد
کنون ما
پرستو های گم کرده وطن هستیم
به شهر بی تفاوت بی تفاوت مامنی داریم

به شهر بی تفاوت مُرده ایم اکنون
و صورت را به سیلی های خود گلگون‌نگه داریم
ومردانه ز خود یک چهره ی پیروز میداریم
تکیده از درون آرام می گرییم
اگرچه در میان این جهان با قامتی ایستاده میمیریم
ما هر شب ز غم مُردیم
طلوع دیگری داریم هر صبح
و قلب دردمند ما به آرامی درون نی لبک آواز می خواند
درون این قفس آرام می گرید
پرستو های بی برگشت   د رشهر های بی تفاوت
دلیرانه میان این جهان ایستاده می میریم

جفتان نا جفت

و اینک صحبت از جفتان نا جفت
دو نامی در کتابی
دل به نام یکدگر بسته
و این اصل روابط‌را
به ثبت‌محکمی با شادی آراسته
و دور از چشم و آغوش‌کتاب ثبت
غریبانه بزیر سقف
به کانونی که اسمش مهرواره
به بی مهری گریبان پاره پاره
کنون عقداست و آ ینَی برسم برده داری
ضوابط هم ز نوع برده داری
نبود عقدی که بر مهری فزاید
چرا که عقد بازاری‌به بازارش فزاید
چرا که عقل بازاری پسنداست
به دخل و خرج آنهم
محتسب مشغول کارست
همه احساس آدم ها ست مغبون
نتیجه
جفت ها یک جفت ناجفتند
غریبانی بزیر سقف

خانه ناآباد

کوههای چه بلند
دشت های چه بزرگ
شهرهای که پر از آبادی است
من در این آبادی به غریبی مانم
که به دشتی بی نام جای بگزیده
از خودم می پرسم
من در این آبادی پی چی میگردم
به چه مشغولم
یا چه چیز می خواهم
به کجا میروم و منزل مقصود کجاست
آن چنان گیجم من
که تو گوئی همه جا همه چیز
دور سر می چرخد بسرم می شکند
خسته از سرشکنی سر به زانوی ز حسرت دارم
که چرا که چرا
خانه کوچک من شهرهایش خالی از آبادی است
غم آن نا آباد
غم آن خانه ظلم‌اش آباد و اسیر ظالم
"خواب د رچشم ترم می شکند"(۱)
خانه ویران شده است من و آن شهر خراب
با دلی بشکسته پای بشکسته کشانم بسرای
گرچه نا آباد است
روزی آباد شود روزی آزاد شود

۱: شاملو شاعر ایرانی
نگارنده با توجه به اشعار سهراب سپهری ، حمید مصدق ،نیما،شاملو که همگی ایرانی هستند مطلب فوق را نوشت .

بازازآن کوچه گذشتم

بی تو من باز از آن کوچه گذشتم
همه جا یاد تو دیدم
یادم آمد که بهنگام گذر
دل چه بیدادگری ها میکرد
ضربانش گویا سر به افلاک برافراشته بود
لرزه بر تار وجود دل من ساخته بود
دل طپیدن رنگ رخسار پریدن
بیقراری که قرار از دل و جان
بینوائی که نوائیش نگردید به جان
رنگ سرخ گونه پرده راز ز جا بر میکند
وآن دل مضطربم وه که چه غوغا میکرد
و نگاهم بر در
تا که شاید
ماه رخسار به شب سار دلم پرتو مِهری بخشد
روزها رفته و رفتند
باز هم
از خم آن کوچه گذاری دارم
حرف به طرفند سکوت پیوسته
و به کوی دل من
بیقراری‌ره خود را بسته
دل به آرامش خود دل بسته
ضربانش گویا سر بزیر افکنده
رنگ سرخ از سر گونه به یغما رفته
جای رنگ سایه بیرنگ زمان بنشسته
گوئیا نظم و قرار اعداد بر مدارش گشته
ماه رخسار تو بر درگه چشم بنشسته

این نگاه است که خیره بدرخانه تو پیوسته
به دو چشمم شفق پرتو تو تابیده
گوئیا چشمه ز چشمان دل سنگ زمان جوشیده
چشمها گریان شد
چشم تنگ دنیا سوزشی داشت که بر خط نگه پیوسته

در خیالم که کدامین
ضربان تندش
یا که آرامش این گونه فرود آمدنش
بیقراری بد بود
یا که آرامش این جوهر هستی بد هست
راستی
صورت مسئله را تو چگونه دیدی
رنگ سرخی ز سر شرم زدی
یا که‌با سایه بیرنگ زمان نقش زدی
دل طپیدن رنگ رخسار پریدن
اضطرابی ز سر وحشت رسوائی ها
که تو عاشق هستی
یا که آرام دلی در طبق مردم سودائی ها
که تو عاقل هستی

بر دو قطبین نشانی ز مداری بیروی
راستی
صورت مسئله را توچگونه دیدی
تو بگو حرفی چند
تو بزن سازی چند

قصه های تلخ

من امشب از دیاری دور می آئیم
ز شهر قصه های شوم می‌آئیم
که تا گویم حدیث درد جانان را
حدیث ظلم دینداران ظالم را
اگر این قصه ها تلخ است
اگر ظلمی چنین ننگ است
بساط دین‌فروشان‌را تو بر هم زن
بساط خودفروشان‌را تو بر هم زن

شیطان

شبی دور از همه اغیار با شیطان‌سفر را درخیال آمد
به او گفتم چه شد این بار بد نامی به نام تو رقم آمد
وهر چه کار بد در این جهان‌باشد به نامت آشنا باشد
چه شد مرز بدیهایت‌زحّد افزون و افزونترنما باشد
ازم پرسید تو هرگز دیده ای فردی که شیطان دید
همیشه آنکه بد کاره نشان کار خود با دیگری دید
دکانداران‌دین در ذات خودصد کار بد دارند
و آنگه نسبت کار بد و اصل بدش با نام من دارند
بروی پایه های ذات خود شیطان بنا کردند
و هر کس کار بد بنمود سراسر نام او کردند
چو دید فکر و خیال باطلش مردم پسند باشد
جهنم آفرید تا ترس خود را در دل مردم بنا باشد
چو دید از ترس مردم سودهای بی کران دارد
و شیطان آفریدتا بهر بخشایش بهانه دست خود آرد
سپس او نام شیطان بر زبان خلق جاری کرد
بگفت هر کار بد کردید شیطان‌و شیطان کرد

خدا بخشد و من هم واسطه در این میان آیم
اساس سود بیشتر را به جیب خویش چنان آیم
چرا که سود نام من بسی افزون‌ترا ز نام خدا دارند
بهشتی آفریدند و فروختند و سودی‌بیشمار دارند
جماعت را در این احوال برگرد مراد خویش گردانند
و گنجی را بدون رنج به جیب خویش بگردانند
نه شیطان است نه شیطانی
و این ملاّ ست در بند غزل خوانی
چرا که نام شیطان میدهد سودش
صفات خویش بر نام شیطان کرد ارزانی

میترا

در شعله های آه دود و دم سینه های مان
فریاد حسرتی است ز دیروز های مان
دشت مُغان و مردم نیکو سرشت آن
میترا و مهر و پاکی مردان خاک مان
آن روز های پر از جلوه و شکوه
در منظر نگاه چه خوش رقص می کنند
درخلوت سکوت به فریاد می رسیم
همراه درد به حسرت نگاه را
بر سعی و جهد آزادگانمان
بر آرزوی عیان و نهان مان
در خاک هر زمین و برخاک سرزمین
هر جا که ظلم کند ریشه در زمین
آنجا که ظلم به ریشه سالی دراز هست
مسخ میکند و خانه ما را به باد هست
این شور بختی دشت
ظلمی که بر سراسر آن موج میزند
محصول ظلم ثمر داد و میدهد
ظالم به زور مکر و ریا خیره هست هنوز
بر خلق سر به هوا چیره است هنوز

آیا شود
همت جوانه ای بزند بر جبین ما
بخشد ز مهر دلش سایه ای به ما
بر دشت و کوه زند سبزه باز بار
از بیخ و بن بکند ظلم‌و ظلم ساز
و این خانه را ز نو
بذری ز مهر بپاشد
در خاک بی قرار وطن
گل خوشه های محبت درو کند
میترا کجاست

خطابه آخوند به اهالی محترم شهر حرف

باز سیه بازی‌ما رو آمد
که به سر گرمی مردم آمد
حرفهائی که به هیچ منطق خُرد
در نگنجد و تو باور نکنی
آن چنان شدکه در منطق ارباب خِرد
باز هم سوژه مطرح و سری گرم کند
بحث کنند فکر کنند
هر کدام پشت یکی بام چه خوش خیمه زدیم
و بگوئیم تو بگو من گویم تو بخوان من خوانم
چون که پیراهن تو بیست دلار می ارزد
پُست رنگین حقیر چند دلاری ارزد
منصفی من منصف منطقی باش
این چنین است مبارز تو مکن صد پرخاش
که مبادا دل آن پیرهنت چاک شود
یا که پُست من بیچاره حقیر خاک شود
لیکن آن رسم نبرد مردان
کهنه و هست غباری بر آن
تو فراموش بکن تا که فراموش کنم
دیکته از من تو بخوان گوش کنم

ما سیه بازی خود میدانیم
خط هر بی خبری می خوانیم
گرچه حرف از خردان بسیار است
با تهی بار حباب بسیار است
ما که دیدیم که چه آسان بازیست

زین سبب هست   که زاری زاریست
نوحه خواندیم   خواندی
تن خود باب دلم رقصاندی
ما که عمری به عزا خواندیم تو
خوب دانیم   که چه بدبختی تو
بزنم   ساز عزا و زاری
تو شوی زار و نزار و خواری
چون شوی خر آخر
من سوارم   بر خر

ما کنون روضه نو   میخوانیم
و همان بره برمنبرخود می آریم
خواب خرگو ش   فراوان داریم
ما به خوردن‌عادتی سخت و دلی پُر داریم
تا توانیم به بازی سیه   روز ترا سر آریم
ز چه رو خوردن وخوردن زخودی واداریم

ای اهالی مبارز   ز شهر حرفان
تحفه ای هست سیه بازی شیرین کاران
حال بیائید به جان   نوش کنید
صحبت کهنه آزاده فراموش کنید
هر زمان قصه نو   میسازیم
تا به تو خط بدهیم میتازیم
تا تو در خواب   بمانی آسان
ما خوریم سهم ترا صد آسان

تا که با جان و دلت   گوش کنی
حرف آزادگی ات سخت فراموش کنی
بازامشب   یه سیه بازی تازه داریم

خط دیگر بنویسیم سرتو گرم آریم
آئیدو قصه زمغرب و زمشرق گوئیم
آن چنان است که اسرار نهان می گوئیم
کشفیاتی است به عالم همه اش مال شما
ما فقیریم و عزا خوان مال ما جیب شما

ما سیه بازی خود   می دانیم
بی خبر باش که خوب می خوانیم

صد سال

صد سال   در پنج میلیارد سال
کمتراز لحظه   به یک روز بود
این نهایت عمریست   که مرا یاد دهند
شایدم لحظه آنی است   که بر باد دهند
من در این آن
به باد   آویزان
من دلم می خواهد
بروم تا ته دریا   و زمین
بروم آن بالا
تا نهایت بالا
و تو گوئی
همه زلفان   پریشان جهانم اکنون
که مرا   باد   بهر جای کشاند آسان
چو به باد آویزم
بی قراری با من
همچو موجی بی تاب   آن چنانم تابان
که تو گوئی گذری میگذرد   ازسرجان
سربسر   قصه عمر است   گذاری زجهان
این نهایت عمریست   که مرا یاد دهند
شایدم   لحظه آنی است که‌در باد دهند

دا نشمندان عمر جهان را پنج میلیارد سال تخمین زده‌اند

نوروز هرروز نوروز

در این نوروز
روز نو
در وجودم
پیشواز بهار آیم
و همراه با نوای شاد نوروزی
سرودی تازه آغازم
و هستی را به روزی نو بگردانم
طلوع تازه ای یابم
چرا هرروز نوروز است
و در تاب رهائی از خودم
گر و غبار کهنه‌را بر باد بسپارم
تمام کهنگی‌هارا بدست باد بسپارم
تمام خانه دل را
ز بغض و کینه می شویم
به دیوارسرایم
من گلاب‌عشق میپاشم
گل سرخ محبت را درون مجمر اندازم
بساط سفره هفت‌شین
و یاهرشین که‌شاداب‌است وشیرین است
درون سفره هر روز بگذارم
شراب عشق ساقی را
شکر با شهد شیرین را
شکوه دیدن یاران
شکوفه سمبل روئیدن از نو را
وشور و شوق بودن را
و شادیهای بی اندازه را

گیاه مهر شربت را
درون سفره هرروز بگذارم
و پا کوبان و دست افشان
جشنی ر ابیآرایم
واز خود
یک خودنو من بنا سازم
طلوع تازه‌ای سازم
بهاری در وجود خویش سازم
شادمانی را بنا سازم
کنون روزی ز نو نوروز میباشد
همین امروز نوروز میباشد

طلوع تازه

طلوع تازه می خواهم
کنون وقت است ا زمغرب بپا خیزم
و د رشرق وجودم گام بگذارم
طلوع تازه ای سازم
شرابی کهنه تر از دست ساقی
و با گرمی همه بذر محبت را
به بزم عشق پاشیدن
و آغازی بر این هستی همی خواهم
طلوع تازه می‌خواهم

نگاهی ژرف
و بینش تا نهایت‌محض
و گوئی تازگیها را
مثال گل تر و تازه
ساقی ر اسر افشان
دست افشان
محبت را به بزم عشق می خواهم
پیاپی ساغری در دست می‌خواهم
ودور از تیرگی ها   ظلمت و جهل و تباهی
خورشید می‌خواهم
من خورشید می‌خواهم
طلوعی تازه می‌خواهم
طلوعی   تازه می‌خواهم

آرزوی رهائی

به میکده رفتم شراب بنوشم   شهاب نوشیدم
ز غم چو تیره برفتم شرارخورده شعله پوشیدم
درون‌چو سوخت دود در هوارفت و   گم گشتم
کبود ابر بلندی در آسمان   حباب می‌گشتم

به آرزوی رهائی به میکده رفتم جمال مه دیدم
بشوق وصل ساقی و جامش   وصال میچیدم
فسون عشق   نمایان به جان   خود دیدم
چه شد که آرزوی رهائی به باد   بند خود چیدم

به خود وعده‌که از کوی عاشقان چون خانه رسیدم
دگر به میکده نآ یم   ولی نرفته   وعده بریدم
هوای‌و حال خوش عاشقان   مرا ز خود میبرد
که عهد با خودم و راه و رسم آن   ز بُن چیدم

به فکر خود   به خواب گرانی   پناه می جستم
به‌نغمه های خوش عاشقان   زخواب‌رمیدم
نگاه کردم و دیدم که عمر گذشت‌و   در خوابم
ولی نبرده ره به مقصد و در پیچ و خم گرفتارم

حلقه‌های‌یک زنجیریم

باورم کن
ما چو حلقه دردرون‌سلسله زنجیروار درگردشیم
حلقه های اتصال
دستی به دست پیوسته آیند و روند
حلقه‌ها تک تک بروی صحنه‌میآیند و میرقصند به ساز
لحظه دیگر
به پشت صحنه
میگردند نهان از دیده باز

تو مجسم کن
درون‌ساحل رودی‌پر ا زکشتی وقایق
یکی درشوق دیدار عزیزی بیقرار است
گروهی اشک هجرت را بروی گونه باران است
و یک کشتی مسافر را به ساحل میکشاند
دگر قایق عزیزی را ز ساحل دور سازد
درون قایقی چندین نفر با هم براهی همسفر گردند
تو در ساحل تماشا میکنی
قایق بتدریج دورتر گردد
بهر ساحل یکی از همرهان ترک سفر گوید
جدا گردد
بتدریج قامتش کوچک تر و کمرنگ تر گردد
همین قایق
زمانی پیشتر تر در دیدتو چون کوه
کنون چون کاه میماند
بتدریج ذره‌تر تنها شبح باقی
و دیگر هیچ محو میماند

و این ذره بجای دیگر و جزئی ز کل خلقتش باشد

اگر در ما توان‌دیدن ذره نمی باشد
و محوی را شهود ما نمییابد
نبودنها نشان ازمرگ و نیستی نیست
همه ذرات‌عالم
جابجا گشته و در طیفی وسیع دوّار میآید
همه ذرات عالم در مدارخود
وبردورجهان‌درحلقه‌وزنجیر میآید
به دیگر سونگر
انگار شبح یا ذره‌ای‌دردوردست‌بینی‌که‌میآید
و این است ذره‌ای ازکل‌خلقت‌جمع ودر دیدتو میآید
حیاتی ازحیات دیگری‌دارد
بقارا در بقای دیگری یابد

وجود ما بهم مربوط
و دوراز دیده نا مربوط بنماید
ولی بردور یک محور ز یک طیف وسیع مربوط میآید
وجودهر کدام از ما
ازآنچه درجهان‌بوده‌است حاصل‌گشت
اثر از دیگری دارد
ودر اکنون وبر آینده‌دیگر ثمر دارد
در یک جا سلسله پایان
و در جای دگر آغاز رویش‌هست
نه‌نابودی
نه‌مرگی‌در جهان
منزل به منزل زندگی‌دنبال‌هم‌آید

کنون دورتوو فصل توو قایق در این ساحل از آن تست
تو بر این باش

تا جودوجودت بهترینهای‌ترا در ساحل اندازد
بیا بر سطح این دریا
بزن سازی بزن رود خوش آهنگی
چوامروزبگذرد
فردا دگر
سازندگی‌در این‌مکان ممکن‌نمیآید
ببین نادیدنی ها را
توهم بگشا گره از بند هر رازی
چراغی‌رامهیاکن
بیآویزبرگذرگاهی
که‌شاید سهمت این‌باشد

گُهر شویم

به سطح آب نگاه کن
محو قطره شبنم بروی آب
و رد مَحوی آب را بنگر
و بعد هوای مه گرفته

چو نیک بنگری
حکایت تولد تو و من است در این جهان
چو شبنمی به سطح آبهای این جهان رسیده ائیم
درون زندگی محو می شویم
وا زدرون چشمه حیات زندگی
سپس بخار می شویم

چه خوب اگر
درون چشمه حیات زندگی گُهر شویم
پس از عبور از این جهان
بجای مِه به سطح این زمین
به تیره شب چو ماه چون چراغ
بی دریغ بی نیاز
به راه دیگران ثمر شویم

انتخاب

نه دل کندن
نه دل بستن
نه آسان بود
نه راحت بود
نه ارزان بود

میان این هوا و آن هوا
دور از هوا ماندیم
و دم را در هوای بی دمی راندیم
و آنگه از نفس ماندیم
و این بود سرنوشتی را
که قسمت از ازل خواندیم

بیا دل را بیک پی نه
به هر دم یک هوای‌تازه را برگیر
چه آسان یا چه مشکل
عاقبت پایان خط یکسان
و شاید یک اثر در این هواماند
هوای جاودان برگیر
هوای جاودان برگیر

بپذیر جبّر

تو به آبی لرزان
تو به بادی ترسان
تو به سنگی سوزان
همه چیز ترس بریزد بتو آسان آسان
و تو در وحشت شبها گریان
میکشی رخت عزا را بر جان

من نگویم تو نترس از سیلاب
من نگویم تو نترس از طوفان
من نگویم تو نترس از سنگسار

با توگویم
بپذیر آنچه ترا سهم به تغییر نباشد امکان
من و تو زاده جبر و تقدیر
من وتو قادر حدی محدود
من و تو خانه ز شن میسازیم در کنار ساحل
ناگهان موج برآید که من و خانه برد
بپذیر آنچه ترا سهم نباشد امکان

ترا دیدم

ترا دیدم
که ناگه چشم من میدید
محبت مهربانی عشق را
در هاله ای ازنور میتابد
و شب های دل تاریک من را نورمی بخشد
وگرمای که از عشق و محبت بود
برف وجودم آب میکرد
وآنگه من به دور خود
حریری از محبت در نوازش با تنم دیدم
چه احساس دل انگیزی
نوازش های مخمل گونه دست ترا از عشق
بروی پوست تن آرام می چیدم
ز بوی عطر عشق سرمست بودم
تمام لحظه هایم ا زشراب عشق مینوشید
وجودم مست و مدهوش از شراب عشق
و آنگه در کنارهم با مهرو محبت راه‌پیمودیم
هنوزم راه بسیار است

نگفتی تو چه حسی را درون سینه خود زیر و رو کردی
که مهری این چنین یک دست روکردی
نمیدانم تو هم شور مرا داری
نمیدانم تو هم حال مرا داری
نمیدانم
طپش های دلی همچون دلم بی تاب داری
نمیدانم

که بوی عطر عشق از تو یک عاشق ساخت
و آیا این تو بودی عطر عشق را بر سرای کوچه‌پاشیدی
و یا عشق من ا ست
این گونه شهری را پراز عطردل انگیز تو بنموده
نمیدانم
شراب عشق را درکام هوا ریزند که نوشیدم
ویا د رجام لعل تو که بوسیدم

هنوزم مست و مدهوشم
ره خانه نمی دانم
نمیدانم تنم معتاد دست تست
و یا دست تو معتاد نوازش هست
نمی خواهم به ترک اعتیاد ش چاره ای جویم
چراغ خانه ام روشن ز عشق تست
من این خانه همیشه غرق نور عشق می خواهم
چه گرمای فرح بخشی فضای خانه را خرم نگه دارد
تداوم‌بر هوای گرم و روح افزا هر دم آرزو دارم
ترا بسیار دوست دارم

حرف‌های خاله‌زنک

آن حرف های خاله زنکهای عهد بوق
دیروز در مسیر کوچه ما عیب گشته بود
اکنون ببین به همت ارباب های جمع
آن حرف های مبتذل آباد گشته است
یک شغل نان در آر به ارباب گشته است

دیروز زن ها به کوچه حرف هائی ازاین و آن
گفتند و پر بنمودند وقت خویش
امروز آن حرف های مفت
از رادیو و تی وی
گسترده در بِر هرخانه بی روال
یک‌عده مغز شسته‌و مسخ‌اند به های به هوی
به به کنان اسیرخانه ارواح گشته اند

دیگر کسی نگفت کدام عالم جهان
در گوشه اطاق
به اسارت ز جهل‌ها بندی گسسته است
عمری کمر به تحقیق بسته است
دود چراغ به حلقوم همی کشد
دیگر کسی نگفت بجوئد کجاست علم
زیرا بساط عِلم عالم ما عیب گشته است

آری
دیروز در مسیر کوچه ما
آن حرف های خاله زنک عیب‌گشته بود
امروز درون خانه ما

آن حرف های مبتذل آباد گشته است
امروز در بساط حُسن
دود چراغ عالم ما عیب گشته است
بنگر به ذوق ودرک گروه جریده ها
هر وقت که قاتلی رسد از ره
صد گوشه صد نگاه را به تماشا نشانده اند

گویاقاتل به حسن خویش‌و اینهمه شهرت
مجذوب وار به تما شا نشسته است
آن زر پرست ز رونق بازار و مسخیان
معصوم وار به‌عبادت نشسته است

هر وقت که عالمی گذر از راه میکند
هیچ اش نگاه بدرقه راه می کنند
عالم‌به صد سکوت به تماشا نشسته است
رنج و ملال به خاطر ارباب بسته است
زیرا حتی یکی از این‌خیل بس قلیل
در خیل بیشمارمردم‌بی سر زیاد هست
اسباب درد سر و بلائی عظیم هست

آری
الفاظ جنگ و صلح به غلط طرح گشته اند
"جنگ نعمت است" ورونق بازار گشته است
صلح مایه رکود دکاندار گشته است
هر مدعی نقاب دروغین به چهره است
آن حرف های خاله زنک های‌است بی حساب
هر جا روی بروی زمین پهن گشته است
بر طبق یک حساب ساده چه پروار گشته است
دامی است ز شعبده بازان پُر ریا
نیکو ببین چه مسلط گشته است

هر واژه با دروغ اسباب دست ستمکار گشته است

خلقی اسیر و برده
به به کنان
هر خانه مکتبی است به ارباب سود جو
ارباب کیسه دوز رسالت نخوانده است
و آن مسخ بی حواس به مسلخ چو بره ای
سَر را به دار به ایثار برده است

آیا شود که رسولی ز روی حُسن
در مکتب علوم قد را اعلم کند
هر کیسه خواست بدوزد برای ما
اماً رسالت علم را اعلم کند
آیا شود

نامه

بنویس   نامه نویس
از دل من   بنویس
ننویس   عاشق زار تو منم
خسته‌از عشق تو بیمار توام
چون که عشقش به تنم جان داده
به منش   هستی بی حّد داده
بنویس اش   که وجودم ازتست
همه جان و سجودم   از تست
بنویس اش   که ترا می خواهم
هر چه هستی همان می خواهم
بنویس هر جا که هستی خوش باش
تو کنون پیش منی   اینجا باش
بنویس روی ترا   می بینم
مهر از چشم توام   می چینم
طپش قلب مرا می شنوی
هر چه گفتم تو هم می شنوی
به تو گفتم   که ترا می خواهم
این دروغ‌است خودم می خواهم
عاشق جان خودم چونکه به جانم جایت
عاشق‌چشم‌خودم چونکه‌به چشمم جایت
بنویس نامه که دستت بوسم
تو بیا زود   که پایت بوسم
نام تو ورد زبانم   تو شدم
زین سبب عاشق گفتار شدم

داس اسلام عزیز

داس بُرنده اسلام عزیز
چکش محکم دست آخوند
و سندان سر انسان ها
چه خوش در کارند
تا که کاسب کاران
جاه و پولی به کف آرند
و به غفلت بخورند

داس و شمشیر و سر انسانها
همه بُر نده و گو یا
با لب بسته
گرچه خاموش
به فریاد سخن می گویند

داس اسلام عزیز
چو بسر سایه فکند
رفتم از هوش و آسان دیدم
ز تنم ساقه فکند
بدترین
ز تن اش سر بفکند

آری اسلام عزیز
از تو و شمشیرت
جز تبر بر گردن
جز تبر بر دستی
چه توقع باید

که توقع به عبث بس داریم

آری اسلام عزیز
به شکسته سر زهرا سوگند
ما نکو می بینیم
رحمتت یک ترفند

مُهر بر پیشانی
نقش تقوا زدگان
شغل تقوا زدگان
که بر آن مُهر شقاوت زده اید
راستی با تجاوز تو چه حالی داری
نور تقوا ز پیشانی خود میباری
اگرت خشم به دریای وجودت داری
خشم ز بنیاد عزیز است که بذلت داری
خفت و خواری خود را به طبق بگذاری
"آنکه بر دار سرش گشت بلند
جرمش این بود که اسرار هویدا میکرد"

آری اسلام عزیز
شاید یک نی لبک چوبینی
ز سر بشکسته
خواب بی مهلت ارباب زن و زورو زر بهم ریزد و بیدار کند
یا حبابی بدل خسته مرداب کند

زهرا کاظمی خبرنگار ایرانی مقیم کانادا برای تهیه خبر با اجازه دولت جمهوری اسلامی ایران به‌ایران سفر میکند . بهنگام فیلم برداری در خیابان دستگیر میشود . در دادگاه مورد ضرب و شتم و در زندان مورد تجاوز جنسی قرار می گیرد جرم او تهیه‌خبر بوده است .

او در زندان‌یا بیمارستان زندان میمیرد.دولت ایران
حاضر به تحویل جسد به خانواده‌او نمیشود .
گویا به جسد مواد شیمیائی زده اند که زودترمتلاشی
شود تا آثار جرم محو شود . ولی با استخوان شکسته
جمجمه چه خواهند کرد . فرزند زهرا کاظمی ساکن
کانادا و ظاهراً او ودولت کانادا هر دو تقاضای دریافت
جسد زهر ا را داشتند که مورد موافقت دولت ایران قرار
نمیگیرد.
در این زمان حکومت آخوند ها در ایران می باشد ولی
فقیه علی خامنه ای ، رئیس جمهور محمد خاتمی ، رئیس
مصلحت نظام‌اکبر هاشمی رفسنجانی ، و قاضی دادگاه
سیعد مرتضوی بوده است . نام زندان بان را نمیدانم
بیادتمام‌زهراهای‌کاظمی درایران و سراسر جهان
اگست ۲۰۰۳ ، لوس آنجلس امریکا

افسانه های راز

افسانه های راز
با صد فسون و ناز
راه خیال را
می گسترند به دامان صد نیاز
ما در نماز
گسترده ائیم ستایش بی حد و صد سپاس
بر پای آن کسی که گشوده است بند را ز راز

خانه دوست کجاست ؟

تو ازم پرسیدی
خانه دوست کجاست ؟
دوست کیست ؟

بتو گفتم
هر کجا دست نوازشگر هست
هر کجا روح عطو فت باقی است
هر کجا مهر و محبت باشد
هر کجا اندیشه باروری است
هرکجا سایه لطفی بر سر
دوستی هست
دوست هست

آنچه در ذهن تو شاید گذرد
از یک دوست
دوست باید که باشد همزاد
با تواش جفت شود
که چنین می باشد
صبر کن تا که به تصویر کشم
رخ زیبایت را
تو ببینی او را

روزگاران قدیم رسمی بود
دوست پیر پدر یا مادر
چو بهنگام جدائی بودند
موی سر تحفه به یاران دادند

و سپس می گفتند چو بسختی برسی
موی آتش زن من کنارت باشم
همره و یاور و یارت باشم
دوستت باشم دوستت باشم

آری
هر تار ز موی یاری
این نمادیست ز پند یاران
هدیه ای هست ز دوست
یادگاریست ز یار
آری
پند یار دست یاری رفیق و یاراست
همچو تار موئی
چونکه تابیده شود به طنابی ماند
ریسمانی ز محبت گردد
ماه صورت ز سیه چاه بدر می آرد
آری
آن پند
شاخه نوریست ز لب یار گذشت
بر تن ات می تابد
به سپیدار تن ات تاب خورد
به لبت نور گوهر میبارد
با تو همزاد شود
این همان دوست بود
در تو و جفت تو هست
پند یاران همه جا با تو هست
گوهری هست تو بدندان گیری
باده از جام وجودت گیری
چونکه تابیده شود به چراغی ماند
از پس باغ بلوغ سر بلند می تابد

روسپیدت زته چاه بدر میآ رد
ببرد تب زتن بی تاب ات
خطر از خویشتن ات دور کند
وقت سختی هایت
تو بر آتش‌بزنی موئی را
برق‌آسا بیکی لحظه تجلّی یابد
وحشت وظلمت تاریک بدر می راند
یار در نزد تو هست
هر کجا نیک نگه بر تابی
عکس رخسار رفیق آن جا هست
دوست هست
و نشانی از دوست همه جا جلوه گر است

آن همه پند
آن شاخه نور
پند ناچیز چو تار موئی
وقت سختیهایت میرساند سودی
پر بها دُر گردد به شب تاریکی
موج پر بار و گهر بار صدای یاران
پرکند خلوت غوغائی سختی هارا
می کشد پرده ز تصویر هزاران چاره

همه حرف های گوهر بار رفیق
آن رفیقی است که همزاد تو هست
پند هایش به سپیدار تن ات تابیده است
دوستی هست که‌حامی تو هست
پند چون گوهر غلطان در انبانه توست
سکه‌ای هست درمی هست زّر در کیسه توست
وقت‌سختی است که از کیسه درم برداری
با کرم بر سر بازار جهان بگذاری

پُتک آماده تدبیر بدستت داری
تو یگانه‌یاری پُتک بر آهن تقدیر زنی
رقم دیگر از آن وصله به تدبیر زنی
ریسمانی ز هر پند به تدبیر تُنی
رو سپید ازسیه چاه بلا می گذری
و گذر می‌کنی ا زآتش هر نمرودی
بسلامت بسر منزل مقصود رسی
یار همزاد تو و یاور و همدم بودی
دوست باتو ست تو او را دیدی
ماه صورت رُخ زیبای خودت را دیدی

دوست باتوست
تار موئی بردار شاخه نوری بردار
هرکجا موعد دیدار آید
او به نزد تو حضورمییابد
هم چو نوری باشد به شب تاریکی
همه انوار وجودش با تو ست
دوست برچشم‌تو نور افشاند
تو تجلی گه انوار وجودش باشی

دوست با تست
تار موی‌ز پندار و حدیث اش با تست
ثمر نور وجودش با تست که چو تابیده شود
به طنابی ماند ترا از چاه بدر می آرد
خانه دوست همین جاست این جاست
ماه صورت رُخ زیبای خودت را دیدی

خدا هم شد وسیله

شیطان‌صفت خدای را وسیله کرد
و آنگه به اسم او بهشت را بنای کرد
چون وعده بهشت اثر در بشر نکرد
زن را بنام حوری رضوان وعده کرد

زین وعده نیز اثری سود بخش ندید
وآنگه جهنم سوزان بنای دید
تا ترس در دل مردم بپای دید
سود دکان خویش به وفق مراد دید

چون ترس در وجود بشر ریشه اش دوید
وآنگه ز سیرت خود شیطان بیآ فرید
تا عقل مردمان چو اسیری بد ست دید
جیبی بزرگ به قامت صد آسمان برید

باری به یمن گول ز زر کیسه پُر نمود
این رشته را بدست بزرگان دین نمود
در عرصه تملک مردان ساده فکر
می پروراند چشم طمع را به دشت بکر

در عرصه تملُق افراد جاه دوست
مسند به یمن زور رساند به دست دوست
در عرصه توحش شهوت بروی حور
وز شهوتش نگو که چسان برده هوش او

از بچه و بزرگ نشود غافلش نمود
حتی ز مر دگان نشود دست او زدود
آری اساس به زور ، زر و ،زن نهاده شد
شیطان دکان به نام خدا جور جور شد

تفاوت خیال و واقعیت

قیامت خیالی
بهشت خیالی
شیطان خیالی
جهنم خیالی
زندگی محو شد در خیالی

دکاندار واقعی
سود دکان واقعی
حماقت واقعی
گول خوردن واقعی
زنده جسمان مرده واقعی

زنده‌اند آزادگان
رنجشان واقعی
عمرشان زندگی
حاصل رنجشان ماندنی
مرده جسم زنده واقعی

سنجاقک

سنجاقک تُور سبز گسترده
روی دستم نشست مستانه
دست خود را بدستم‌میزد
بال نرمش به تن من میزد
تُور سبزش به یاد من آورد
روز عقدم بخاطرم آمد
تُور سبزیِ‌ز شانه ام جاری
به امید یک بخت رویائی
بر کنارش ملیله های زری
گوشه اش سکه های اشرافی
تُور سبز بود نشان سبز بختی
روز عقدم بفال خوشبختی
تاکه خوشبخت و رهائی یابم
بهترین بخت در عالم یابم
چونکه رویا برفت از سر من
آرزو شد که شود قسمت من
کاش پروازخوش چو سنجاقک
ای خوشا تورسبز چو سنجاقک
تا پرم اوج آسمان به آزاد ی
باز سر مست شوم ز آزادی

ما نشستیم به صحبتی مشغول
او به من گفت حقیقتی معقول
سنجاقک غرق گفتگو میرفت
دل به رویای رهائی میرفت
تو به من گفتی پای بندی تو

تا کجا   راه رفته ای   بی تو
بتو گفتم   تو میپری   با تو
تو توانی   که پر زنی   بی تو
تو بمن گفتی   بر فراز این دنیا
زیر چشمم چه کوچک است دنیا
چشم تو بس بزرگ‌و   دیدت تنگ
این‌جهان‌پیشت   جلوگاه پرنگ
تو که چشمت   بزرگتراز چشمم
تو که جسمت   بزرگتر از جسمم
این‌جهان   دربرابرت کوه است
این جهان   دربرابرم کاه‌است
تو بزرگی   ز هیکلت پیدا ست
تو اسیری   ز خانه ات پیداست
تو و دلخوش   به لقمه نانی
من و هر جا   گرسنه ام نانی
نه به جائی   تعلقم باشد
نه سرائی   که حبس من باشد
من و دشتی   بزیر پایم هست
همه جا خانه ام   سرایم هست
همه گلهای   این جهان جایم
بر سر تاج خسروان   جایم
بنشینم بهر کجا   باشم
چو بخواهند مرا   ز جا پاشم
تو و این دشت بیکران   پُر از گرگ
من و این بی سرا   تُهی از گرگ

تو بگفتی   کجا روی بی تو
تو اسیر خودی   نرفته ای بی تو
نتوانی‌که دل ز هرچه که هست
برکنی دل   رهاشوی سر مست

تو رها کن   حساب پوچت را
آن زمان تو   رها کنی خودرا
بپذیر هر چه را   که آمد پیش
نسپار دل به هر چه کرد پریش
چون اسارت رسید فنا پذیر یارم
نپذیری فنا   فنا شوی جانم
که اسارت فنای تو باشد
این رهائی بقای تو باشد

سنجاقک خیره نگه میکردم
من ز اعجاب   نگاهش کردم
او نگه   در سفیه میکرد ش
بگمانم چه کیف میکردش
چون بدیدش که کوه در بر کاه
چه ضعیف آمده است بوقت پگاه

سنجاقک باز دست‌و پا میزد
بر تنم بال نرم خود میزد
در برم خوش خوشک میچرخید
دست بالا   به ناز میرقصید
دامنش را بدور خود چرخاند
تُور سبزش   در هوا چرخاند
روی تورش   ملیله های ظریف
طرز دوخت پیرهنش چه ظریف
طرح دامن   کلوش چین داری
یک شکافی ز طرح شیب داری
سر و گردن به عشوه میگرداند
دستها در فضای می چرخاند

گفتمش   من بگیرمت آسان

سعی کردم پرید ه بود آسان
خنده اش شاد ز آزادی بود
پُر ز پرواز صد رهائی بود
در فضا چرخ بزد شادی ها
سبزه های ره خوشبختی ها

به رهائی تنم دل لرزید
پند او ر ادل من سخت شنید
به اسیری تنم لرزه رسید
پر پرواز تنم سخت جهید
آرزو شد پر زنم چون او
تُور سبزی به تن کنم چون او
او به من گفت پایبندم
ره نپویم چرا که در بندم
اینک این من ز پای برخیزم
پای را ز بند و غل بپرهیزم
اینک از حرص من رها گردم
خالی از سوز بی بها گردم
نفروشم تنم به لقمه نان
به اسارت نمی کشم تن و جان
بگذارم من از من دور
شاید بی من روم به شهر سرور
عقد خود را به بی منی بستم
تُور سبزی به دوش خود بستم

سمبل این رهائی است تُورم
سبز سبزم ببین چه پر شورم
پر پرواز بر تنم گر نیست
پای رفتن که ره روم باقیست

سنجاقک باز بدستم برگشت
شور رفتن ز خودم در سر گشت
دست او بود به دلم تار نواخت
دل به سینه چه بی تاب نواخت
سنجاقک دست در هوا میریخت
تُور هایش به پشت سر میریخت
زعشوه ها چنگ به جانم انداخت
شور وحدت به دلم چنگ انداخت

دست‌من نرم گرفت تا خیزم
با خودش رقص کنان آویزم
این من من از تن من دور کرد
در بساطم خود رهائی جورکرد
عطر خوب یاس کوی عارفان
شور مستی های رندان عاشقان
در فضای کوی ما پیچیده شد
تن رها در باد چون شوریده شد
او به من رقص رهائی یاد داد
سر خوش و مستی به جانم داد داد
آن چنان از خود رها بودم و مست
که نفهمیدم کجا بودم چه هست

در هوای کوی تو رقصان شدم
شور سر مستان و شیدایان شدم
چنگ در جان زد رهائی باز باز
من رها گشتم شدم آواز ساز
چون توان تو نبود دیدن مرا
من شدم سنجاقکی بینی مرا
تور سبزم سبز های روشنی
پر پروازم رهائی تا رهی

تو توان داری ز خودگردی رها
از اسارت های تن گردی جدا
ساز عشقت را به نامت کوک کن
خانه جان خودت محظوظ کن
هر کجا سازی شنیدی در هوا
تن رها کن تا بگردی تو رها
شاید آن سنجاقک آزاد و مست
که نشسته بر سر گل های هست
این تو باشی این تو بودی این توئی
روح آزادی و عشق جان توئی
هر کجا سازی شنیدی از رها
تن رها کن تا بگردی تو رها
آنزمان آن سبزه های روشنی
میبری با خود بهر جائی روی

نیمه عمر

دو خطی بر کنار لب عمودی
حدیث روزهای رفته میگویند
که سالی رفت و فصل دیگری آمد
و گوئی با تو میگویند بهاری یا خزانی
کدامین سوی راه داری
خزان پایان این راه است
پایان پایان پایان است
فنا باشد عدم را در فنا باشد
و انکار وجود تو به دوران و زمان باشد
هزاران موردش را دیده ای آسان
بهار آغاز یک راه است بهار فصل شکوفائی
طلوع تازه می باشد
تو بتوانی بذری بر چمن پاشی حیات جاودان یابی
که د ر تصویر یک رویا نمی گنجد
جهان هرگز به یک منزل نمی ماند
ثبوتی بر گذرگاهی چنین لغزان نمی باشد
تو اکنون این بهار تازه را در یاب طلوع تازه تر یابی
ایّام را دریاب تعالی بخش جسمی ر ا
که اکنون میهمان این جهان باشد
تداوم بخش حیات جاودان را بقا را از فنا برگیر
بهاری تازه طلوع تازه تر در پیش رو داری
از خواب گران برخیز ایّام را دریاب طلوع تازه رابرگیر
وجودت با بهاران هم قرین همزاد وجودت پر بهاران باد
وجودت با تمام فصلها در هرکجا و هر زمان درجان مردم باد

مهربانی را بهر نامهربان آموختن

این بود رسم وفا زاین آشیان آموختن
مهربانی را بهر نامهربان آموختن
چون که او ازمردم نا مهربان شهر خود
چنگ‌را روی صورت دم بدم آموختن
هیچ چیز جز خشم در مردم ندید
زین سبب نامهربانی را ز بازارش خرید
آخرین حرف و حدیث مرد دانا بود دروقت گذر
مهربانی را بهر نامهربان آموختن
تا که‌رسم خشم وبی مهری فرو ریزد ز بُن
مهربانی را بهر نامهربان آموختن

وقت حضور

لحظه دیدار حضوریار بود
باز نفس هم در گلو در مانده بود
آن طپیدنهای قلب و های و هوی سینه ام
ضربه های پی به پی میزد به تاک سینه ام
آن پریدنهای رنگ وآن دگرگونی رنگ
رنگ وارنگ میزدند بر گونه چنگ
من ندانم از چه رو راه نگه بر دیدگانم بسته شد
آنچنان گوئی که جسمم در زمین گمگشته شد
لحظه ها چون کوه بر قلبم نشست
رفتی و قلبم از این رفتن شکست
من ندانم که توان دیدنش با من نبود
یا که چشمم در خور دیدن نبود
یا که قلبم‌در تب وتاب حضورماه بود
بی قراری‌کرد وراه دیدنش را بسته بود
آن سکوت پرز فریاددلم با هر طنین
میکشد از سوز سینه آه های آتشین
آه اگر یک بار دیگر دیدنش آید بدست
میکشم خود را بهر سوئی که بینم یار هست

محارب با خدا

و گفتی
محارب با خدا کردی تو میدانی چها کردی
خطا کردی خطا کردی
چه بد کردی سزا ی تو فقط مرگ است
طنین حرف تو دهلیز زندان را صدا میکرد
مرگ   مرگ   مرگ
به تو گفتم
محارب چیست
محار ب با خدا ی کیست
محارب من ! کی ؟ کجا کردم ؟
تو گفتی
گمان کردی زرنگی تو
محارب ر اتو پنهان می کنی آسان
و من هم   بر گناهت چشم می پوشم
خطا کردی   سزای تو فقط مرگ
کلام مرگ بارت در طنین بود
به تو خیره شدم با بُهت گفتم
محارب با خدای کیست ؟
محارب چیست؟
دمی آرام فکر کردم   گمان کردم

مها رب ریشه ای از مهربانی هست
و دیدم‌من   که با جان خودم   بس مهربان بودم
خدای جان من   بس مهربان با من
بتو گفتم اگر مقصود تو ازاین مهارب با خدا

مهر است   عشق است   مهربانی هست
بدان من برخدای جان خود
عاشق ترین عاشق همی باشم
بلی من پُر ز آواز محبت مهربانی سینه ام باشد
به حدً بی نهایت
مهررا در سینه ام دارم
پُر پرواز مهر و مهربانی
قلب من را در نوازش هست
بله عاشق ترین هستم
تو با خشمی عیان گفتی
محارب با خدا   یعنی سر جنگ است با اللّه
و من ترسان   هراسان
نگاهی رازوحشت خیره بر روی تو پرسیدم
کجا آخر   کجا بود این خدای تو
که من هرگز   خدایت ر ا نمیدیدم
سرجنگ و ستیزی   با خدای تو   نبودستم
کجا من با خدای تو   ستیز و جنگ کردم
کجا هست   آن خدای جنگ جویت
بگو آخر   کجاهست   آن خدایت
سپس آرام پرسیدم تو   تو   تو کی هستی؟
تو آیا خود   وکیل آن خدا باشی
و یا شاکی تو میباشی
تو آیا قاضی   این دادگه
ویا حاکم و مامو ر سزای بنده می باشی
کجا هستآنخدای تو که ا زاین بنده شاکی هست

اگر او را ندیدم من   چگونه جنگ کرد یم
به من او را نشان ده   تا بپرسم از خدای تو

کجاو کی من و او جنگ کردیم
به چشمانم نگه آبله ترین‌آبله به دار این جهان بود
دو چشمانم مثال آئینه در رو برویت‌بود
که تصویری ز خو درا درمیان دیدی
سپس‌با حرفهایت
حماقت را درون ذهن من وارونه میکردی
توخواستی
تا توان فکر من را درترازوئی به سنجش‌های خود ریزی
چرا اکراه
خدایت را به پیش چشم من آری
خدایت زشت بود یا عیب دگر داشت
نمیدانم چرا ابرام میکردی
خدایت ر ا به‌پیش‌چشم من هرگز نیاوردی
و حتی یک کلام در وصف او چیزی‌نمی‌گفتی
نمیدانم چقدر آن جنگجو غول بیابان بود
کجا آخر کجا بود این‌خدای تو
و من ترسان هراسان
نگاهم خیره برنامردی و نا مردمی ها بود

محارب: جنگ کننده ، جنگنده ،رزمنده ،محاربین
، محارب هر آن کسی بود که قصد مال مردم برگرفتن
و سلاح بظاهر کند.(فرهنگ معین صفحه۳۸۸۸)
نگارنده :
خدای جان : اشاره ایست به خدای جان و خرد
(کتاب شاهنامه فردوسی)
مهارب : غلط املائی است عمداً نوشته شده . بنا به
این فر ضیه و تصور اینکه‌کلمه ایست که هم ریشه
مهربانی هست .
محارب با خدا : محارب با خدا دررژیم فعلی ایران
(حکومت‌جمهوری اسلامی ایران)بدین معنی

است که هر کسی که ضد قدرتمندان رژیم سخنی گوید او ر ا متهم به مخالفت با اسلام مینامند و بلافاصله حکم اعدام را نیز صادر مینمایند .

هدف کلی حاکمان فعلی ایران از صدور چنین احکامی ایجاد رعب و وحشت از یک سو و محکم کردن پایه های تحمیق مردم میباشد .طریقه کارتحریک کردن اذهان افرادمتعصب و بی سواد و یا بی منطق و ایجاد کردن جو ناسالم میباشد .

عمداً کلمات عربی بکار میبرند تا همیشه سایه ای از ابهام یا هاله ای از تقدس به‌روی‌اعمال خودنگهدارند که در سایه آن تحمیق مردم آسان و سهل باشد.

هنگامیکه مردم همچون بره ای اسیر افکار و پیرو مکتبی شدند استفاده و سو ء استفاده از آنان بسیار آسان .

وقتی رفتی

وقتی رفتی همه چیز رفت بباد
گوئیا شیشه عمراست که افتاد ز بام
یا که این قلب زمین بود که افتاد ز کار
آنچنان غرق غمت گشت جهان هستی
که شب تیره نشسته است به بام هستی
من و تو همسفر خسته تنهائی خویش
که نشاطی ز گل باغ جهان نگرفتیم
و نه آواز صدای برتر به دل گوش رسید
و نه دستی به صداقت به نوازشگر تن
من و تو سخت شکستیم به ترازوی زمان
غافل از وزنه سنگ‌و دل صد پاره خویش
غافل از دست تطاولگر این عقربه ها
لب گشودیم که امروز بسلامت بگذشت
کس ندانست که روز تن من شب شده است
کس نمی گفت که یک روز دگر گم شده است
روزی دیگر کم و ز رستن‌خود دورشدیم
بعد تو چیز دگر نیست که دلخوش بشویم
من و تو سخت شکستیم به ترازوی زمان

دلتنگی

تو می گوئی دلم تنگه   همه دنیا سر جنگه
ز خود اینک سئوالی کن   چه کس با تو سر جنگه
نگه کن نیک بنگر   خودی با خود سر جنگه
و دل از دست خود تنگه
بیا و رنج هستی را رهائی بخش
دلت را از غم دنیا جدائی بخش
نه در جنگ و جدل با مردم دنیا
نه با خود کینه ورزی ورز
نگو دنیا سر جنگه
نگو اینقدر دلم تنگه
رها کن هر چه نتوانی
و جهدی کن در آن راهی که بتوانی
نگاهی تازه بردنیا و بر جان کن
نگو تنگه   دل من
بگو چیست چاره من
بگو هر چی که میشه   میروم تا حد امکانم
وامروز را که خوب است   خوب میسازم
خوب می تازم   دلم را شاد میسازم
نگاهی تازه بر این جان و دنیایش بپردازم

هوس ، لذت و عشق

در احسا س هوس لذت عشق گناهی نیست
تباهی نیست
هرگز اشتباهی نیست
نمیدانم چرا مردم نمیدانند
و یا هرگز نمی گویند
که آمیزش باجنس مخالف هم گناهی نیست
اگر چشم تو از دیدن
سراپا غرق لذت شد
کدامین اش گنه باشد
بر این لذت گناهی‌نیست
تباهی نیست و هرگز اشتباهی نیست
اگر گوش تو از بشنیدن صوتی و آهنگی
سراپا غرق لذت شد
کدامین اشتباه است این
کدامین اش گنه باشد
در این لذت گناهی نیست تباهی نیست
اگر از دیدن ا ندام موزونی
و ا زدیدار یاری
قلب تو از لرزه لبریزو سراپا غر ق لذت شد
کدامین اش گنه باشد
بر این لذت گناهی نیست
تباهی نیست و هرگز اشتباهی نیست
چراا ز عشق می ترسیم
کدامین حس دراین‌عالم به ازعشق است
کدامین لحظه ر ادور ا زهوس در زندگی
زیرو زبر کردیم
همیشه در همه عالم

به هر لحظه
هوس را امتحان کردیم
و لذت
خود رضایت از هدف‌را
در نهایت آرزو کردیم
و هر عضوی برای لذتی
ولذت غایت اهداف عالم شد
گهی در گوش دادن ما به صوتی دلپذیر
شوری و شوقی لذتی را امتحان کردیم
هوس را امتحان کردیم و لذت نوش جان کردیم
چرا از دلخوشی های هوس چشم طمع پوشیم
گهی د ربستری آرام ، دور از های و هوئی
دست گرمی ر ابه دور پیکر خود
شوری و شوقی لذتی را امتحان کردیم
هوس را امتحان کردیم لذت نوش جان کردیم
چرا از دلخوشی های هوس چشم طمع پوشیم

چرا هرگز حقیقت را به درگاه کبوترها نمی آریم
کبوترهای تشنه
سر گریبان
گیج میگردند
که تا شاید حقیقت را درون بذر خود یابند
بهر آئین بهر مذهب حقیقت بهترین باشد
نمیدانم چرا مردم نمیگویند
هوس لذت عشق
هرگز گناهی نیست
و هر چیزی بجای خویش نیکو هست و لذت بخش
و هرکاری بجا یش بهترین باشد
بهر جا شمع احسا سی درون سینه میسوزد
چگونه می توان بهتر ز نورش

بهترزشور اش
بهترزشوق اش
بهره ای گیریم
چه چیزی بهتر از احساس عشق دراین جهان یابیم
چنین شمعی گرما بخش و هستی بخش
که باید روشن‌اش دائم نگه داریم
چرا سرپوش
چرا خاموش
به قلب‌تو اگر احساس خوب عشق میباشد
شرمی نیست
به حس خوب بودن زندگی کردن خجالت نیست
نشاید حس بودن را به نابودن و نابودی کشانیم
نشاید یک چنین شمعی‌به خاموش رسانیم
نباید شرم و خجلت را درون ذهن بنشانیم
وگرنه‌زهر تلخی‌را به پهنای وجودی بار میآریم
بیا روشن کنیم هر دم چراغی را
حقایق را بپابوس کبوتر ها کنیم ایثار
که هر کاری بجای خویش نیکوست

رابطه جنسی :پیوند د وتن .معین ص ۱۶۱۵ .
هوس : خواهش ،آرزو، میل شدید ،آرزوی نفسانی .فرهنگ معین. ص:۵۲۲۲
لذت : خوشی ،بسیط ترین و مجرد ترین کیفیات نفسانی معین‌ص ۳۵۷۷
عشق :بحد افراط دوست‌داشتن،دوستی،محبت معین‌ص ۲۳۰۳
نگارنده :هر عضوی در بدن برای کاربرد خاصی ساخته شده است. که احتیاجی به بازگو کردن از جانب نگارنده نمیباشد .وایرادی هم به‌نزدیکی جهت لذت بردن از احساساتی که بطورطبیعی‌دربدن ما وجود دارد نمیباشد

اشکال و ایراد در ذهن ما ، ذهنیت ما و نگرش ما به جهان و آنچه در این مورد آموخته ایم میباشد که باید اصلاح شود .

همه ما مسئولیم تا چراغ های‌د انش و بینش را در مسیر خود و دیگران روشن نمائیم .

فروید روانپزشک ،روانکاو و متخصص در تجزیه و تحلیل مسائل روانی‌معتقد بودکه سرچشمه بسیاری‌ازبیماریهای روانی ناکامی‌های‌جنسی‌است .واپس‌زدگی احساسات عامل بیمایهای‌روانی میباشد.

وقت آن رسیده است که نگاهی دقیق تر به مسئله روابط جنسی ،هوس ،عشق و لذت بیاندازیم. وازآنچه خود آگاه و یاناخودآگاه به‌ماتحمیل‌شدومابه‌فرزندانمان تحمیل کردیم پیشگیری شود .و مفاهیم کلمات بدرستی و بطور علمی بیان شود نه بر اساس مفاهیم و برداشتهای روانی و اجتماعی که در جوک های کوچه بازاری رایج است .

بطوریکه ابراز احساسات و گفتن دوستت دارم برای بعضی هاهنوز هم‌بسیارمشکل و برای عده ای دیگرحتی شنیدنش مشکل است وهنوزمادرگیر و دار قضاوت در مورد احساسات دیگران هستیم.

به‌امید اینکه وضعیت بهتری برای نسل فعلی وبعدی‌بهمت والای شما آزادگان بنیاد شود.

دیگران کاشتند و ما خوردیم ما میکاریم دیگران بخورند

زندگی یعنی عشق

در زمانی معلوم
شاید از عشق
شاید از فرط هوس
جسم ما چون بهمن
که‌از کوه بلند نیستی
روی این خاک در آغوش زمین می غلطد
و به این سوی شب عشق فرود می آید
آتش عشق زنی هستی بخش
جسم بهمن زده را
شعله مهری بخشد
عشق معجون است که به جسم جان بخشد
آری ای عشق ترا میخواهم
با تمام جانم من ترا میخواهم
هرروایت که ز عشقی شنود گوش دلم
درنظر گاه نگه نقش ترا بنشاند
و چو نیک اندیشم
زندگی یعنی تو
زندگی یعنی عشق
بی تو و عشق تو من هیچم هیچ
با تو و عشق توام هست به جهان هستی من
در رسیدن به تو وعشق تو
هرنفس میدمد از هستی من
ورنه
ا زدمادم نفس بیهوده خویشتنم به یقین خسته شوم
زندگی یعنی تو
زندگی یعنی عشق

واژه جنگ و خمینی

"جنگ نعمت است"
این عبارت ز خمینی مانده
او نگفت
نعمت جنگ برای چه کسی است
ذلّت جنگ نصیب چه کسی است
در مدار ذهنش واژه صلح‌یقین بدبختی است
چون رکودی به بازار مهمات‌رئیسان جاریست
واژه هائیست همگی رنگ تقلب دارند
که به آب زمزم و به صد شور به پاکی نرسند
ماکه از بحر فساد موج به تن بر زده ایم
آلت و مغز شوی دست حریفان شده ایم
این عجب نیست که بدبخت شد ه ایم
این عجب نیست که قربانی ذلت شده ایم

در دهه ۱۹۸۰ میلادی در جریان جنگ ایران و عراق ، خمینی مرتباً تکرار میکرد "ولاکن اینطور نباشد" مردم باید بدانند که " جنگ نعمت است ،در حالیکه جنگ جز آوارگی و مرگ ،مشکلات اقتصادی و اجتماعی و بهداشتی و . . . و چیزی‌دیگر برای مردم به ارمغان نیآورد .

آئینه

چو در آئینه نگه میکردم
من در آئینه ترا میدیدم
نگهت جای نگاهم بنشست
به لبت خنده که دیدار میسر گردید
وباز هم اینجا من ترا میدیدم

من ترا میدیدم
و تمام ذهنم بتو مشغول
و خود من چه فراموش شده
و در آئینه نگه میکردم
این تو بودی که مرا از خود خود پُر کردی
یا که این من ز تو لبریزم و لبریزم من
زیر پوست تن من حس تو جاریست مدام
و دِم گرم تو در نای وجودم جاریست
حالیا دیر زمانیست که دورم از خود
این توئی در تن من جا داری
که بهر جا نگرم باز تورا می بینم

من ترا میبینم
من در آئینه ترا میدیدم
ز درون نگهم باز مرا مینگری
بعضی وقت هاست که حسی دارم
که تو گوئی که ترا چون هاله در بغل میدارم
و گهی چون‌قطره که‌به دریای وجود تو عزیز
من خودم گم دارم
گو تو خوش باش که خوب جای خودت خوش داری

تو چه حسی داری
که ز ذهنم لحظه ای تاب جدائی ناری

چو در آئینه نگه میکردم من ترا میدیدم
مثل این است که من در تو و بر تو نگرم
این تو هستی این جا و منم چون سایه
که به دنبال تو هر سوی روم
این منم تو یا توئی من
این خیال است که بر راه نگه ره بسته
یا که این تو به نگاهم ره دیدن بسته
تو نپندار که ترا در دل خود می بینم
تو تصور نکنی اینکه خیال است با من
این توئی در دل من با خود من پیوسته
لحظه ای دور نه ائی از نفسم
خوش نشستی بر ذهن
ز درون و ز برون می بینم
آه این منم من که ترا می بینم
بوسه از روی گلت می چینم
مهر از چشم تو من میگیرم
آه این توهستی با من
یا که این من به توام پیوسته
تو چه حالی داری
گو تو خوش باش
که خوب جای خودت خوش داری

وقت رفتن

وقت رفتن به دلم شور افتاد
بدلم سایه اندوه افتاد
که مبادا دگرت باز نبینم هرگز
غم و اندوه ز رخت باز نشویم هرگز

وقتی گفتی که دگر بار به‌کویت آیم
نگه خیره که شاید دگرم وقت نپاید یارم
به تو گفتم نروی بهتر از آن است که باز هم آئی
شاید دیدار میسر نشود چونکه دگر باز آئی

هر کجا

هرکجا رنگ ریا راه آباد
سایه درد خدا بار بداد
هر کجا خانه ظلم پُر آباد
جوهر ذات خدا داد به باد
هر کجا خانه ز شادی آباد
پیکرخوب‌خدارقص‌کنانست در باد
مستی و عشق به آنجا آباد
دل خوش بزم شما شاد آباد
خانه خوب خدا در دلتان صد آباد
سایه درد خدا از دلتان دور آباد
رحمت مهر شما بر سر ما بادا باد
زحمت‌و محنت ما از سرتان دورآباد

کدامین‌اوج کدامین فتح

کدامین قله را گوئی
که اوج فتح می باشد
همان قله که اوج خو دفریبان تهی فکر است
کدامین فتح ر اگوئی که پیروزی قرین باشد
فریبی بیش نیست
همان فتح القریبی را که یک فتح الفریب باشد
بله فتح الفریب آمد
به پشت بام خانه جغد شوم یک فریب آمد
نشست وجای خوش آمد

کدامین صبح صبح امیدواران
کدامین روز پایان شب تار است
هنوزبرتارک این بوم و بام خانه
جغد شوم آواز خوان است
امیدی بر تعالی نیست
به بام خانه ام زین تیرگی ها عنکبوتی تار بسته
امیدی بر جهش از قله های پست تو خالی عبث هست
به هر پشت مهره ای ازاین تبه کاری بشکسته
کدامین‌قله اوج
کدامین فتح
بگوبا من کدامین‌است کدامین است
چه تفسیر های بی بنیاد بر پا هست
و دلالان مدرک دار همیاران دزدان
کنار قله ها ی اوج معناً به تفسیر است
و اربابان ناخوانده به پیروزی
چه تفسیری چه تعبیری در باد است

همانا جنگ را نعمت
خود فروش روشنفکر
ومدرکهای‌صادررا زدانشگاه‌بی‌دانش
بزور پول اساس برتری خواندند
چه الفاظ‌وچه القابی
بزورجارچیهاشان‌بخوردخلق‌بی‌اقبال کردند
براین‌سردرگمی پا می فشردند
که تا دزدان نفت میبردند نفع‌میبردند
و دلالان‌شیطان باشمایلهای گوناگون
ید مردان خوب خانه را از پشت می بستند
ویا هر مهره از آنان به ضرب و شتم بشکستند
که تا دزدان صاحب‌نام باکاغذ ادیبانه
تمام‌هستی مردم به چنگ آرند
به بام خانه ام زین تیرگیها تار غم بسته است
ودانش دیده آسان مغزشسته
اسا س کار برجهل است
ودلخوش هم به یک مدرک
به نان و آب
یاپست
ویا یک به‌به ارباب
چراکه‌صاحب‌مدرک زدانشگاه‌بی‌دانش
اساس‌و آلت دستان شیطان‌است
کدامین‌فتح اصالت‌ورستگاری
درعروق‌خو دفروش بامدرکش‌مرده است
کدامین فتح .....
کدامین اوج .....

چشم سیاه

تاریکی سیاه دو چشمان تو چو شب
بر بام خانه من نور می فروخت
آنرا به نرخ دل من چه بی بها
آشفته تر به بازی بازار می فروخت
عطر خیال تو درکوچه های شب
از چشم خسته من خواب میربود
بزم وجود تو ای نازنین نگار
عاقل تر ا زهمیشه دلم خوب میستود
در آسمان تیره من روی ماه تست
این قسمت از جمال تو شبهانصیب ماست

بهای شادی شما غم ما

هر آه و شرر از دل ما راه بدر خواست
زخمی زده برتارک سینه چو برخاست
مائیم و دلی پر زغم و گوشه محنت
برجسم شکسته توان نیست که برخاست
پیمان چو ببستیم که در راه تو پوئیم
در خود بشکستیم که توان از تن ما خاست
ایکاش بدانند رقیبان به چه روزیم
دلخوش بشود آنکه شکستِ دل ما خواست
ما در هوس آه دگر عمر کنیم طی
صد زخم دگر باد که بر پیکر ما خواست
مائیم و دلی پر ز غم و گوشه محنت
این بود نصیبی که عشقت ز دلم‌خواست
تا سفره خوان تو شود ا ز گُهر آباد
این بود بهائی ز خدا این دل ما خواست
ما شادی مردم به ازای محن خود
ترجیح دهیم چون دل ما غم به بها خواست
مائیم و خرابات مغان خاک تن ما
شادی ز شما باد که دل این ز خدا خواست

خودفریبی

و باز هم خود فریبی را ز سر آغاز
که انشاالله چنین باقی نخواهد ماند !
خدای خود فریبان
گمانم دکترا در خود فریبی ساخته شد از قامت ما

خودم را من مثال کشتی بشکسته ای
در یک شب طوفانی و سرد
و یا چون پیکر عریان تاکی
اسیر دست رگبار زمستانی و طوفانی
درون یک کویر لوت
بی یار و یاور در مسیر سیل میبینم
سر پناهی نیست   دست یاری نیست
پوشاک و لباسی نیست   نای و نوائی نیست
پوست و استخوانی هست
حس سرما هست
گشنگی هم هست
تنی آزرده از بی مهری یاران
هنوزم دل اسیر خود فریبی هست
گمان از دره تاریک و وحشت نور تابان هست
تو دانی آرزوئی غیر ممکن هست
هنوزم دل اسیر خود فریبی هست

و همت بایدش از راه بیفرجام سر تابد
و از بن بست بیفرجام روی گرداند
رها سازیم نا ممکن چو تغییری نمی باید
ستون کج به بنیاد غلط راستی نمی یابد
بساط خود فریبی سخت مغبون است
درون گند مرداب فریب و خود فریبی
مرگ حتمی هست
رها کن هرچه بود و هست و راه تازه ای برگیر
هنوزم راه باز است
نجات و رستگاری باز در راه است

پدر

و اکنون در مسیر خاطرات خود
چه تصویر دل انگیزی ز روی مهربان تست
پدر هنوزم دوستت دارم
هنوز در فکرمن تصویر تو دستان پرمهرت
برای کودکت همیشه بهترین ناز و نوازش بود
این است آنچه در ذهنم ز تومانده
نگاه مهربانت گاه با لبخند می آمیخت
و گاهی نیز نگاه تند توبا خشم‌برصورتم تابید
هنوزم من نگاه مهربانت دوست میدارم
اگرچه سالها بگذشت از آن ایام
هنوزم پندو اندرز توام در گوش جان باشد
قناعت را صبوری را و آنهم روزهای سخت
من ا زتو نیک آمو ختم درس قناعت را
و یادم هست‌زمانی‌را
که از نامهربانی‌ها دلت پردردوماتم بود
نگاهت‌برنگاهم‌بود
سکوتی از سردرد درمیان‌ما و دردت درد جانم بود
هنوزم من نگاهت‌را به پیش دیده می آرم

و خوب گفتی
جهان در این گذر هرگزبه‌یک‌منزل‌نمی‌ماند
ثبوتی‌برگذرگاهی چنین لغزان نمی باشد
سکوت و پایداری‌راپذیرا باش
زمهرناکسان امید بردار
محبت راازاین نامردمان هرگز نخواهی دید
و اینان دشمنان خانگی باشند

وآنها رارها دردست افکار چنان‌مسموم خود بنما
که این خود بهترین پاداش   نامردان تاریخ‌است
پدر ایکاش می بودی و میدیدی
زخم نامردان زتیغ دشنه‌خودرا
پدر هنوزم د رخیال من تصویری ز روی مهربان تست
که آرام است و میداند نمیداند
و هر لحظه بروی یک کتاب   درپیچ و در تاب است
و خواندن را به متن‌هر سپید هرروایت پیش میراند
توآموختی‌مرا   متن سپید هر روایت را
و خواندن بین خطهای معما را
هنوزم دوستت دارم
پدر جان صد سپاس از آنهمه مهرت
که در پیچ و خم آن زندگی با آنهمه سختی
محبت مهربانی را درون سفره پاشیدی
و من هر شب بدور شمع دیدارت
چو پروانه سرم ر اروی زانوی تو میدیدم
هنوزم دوستت دارم

غم

تار بودم
سوز درون‌به باد سپردم
ابر رحمت بروی گونه پیوستم
تیرگی را به آب می شستم
تا که شاید بشویم غم

نه دل تیره را رهائی بود
نه که آهی ز سینه وا می موند
نه که باران اساس تیره زدود
جان چو پودی به تار می‌گردید

سرای بیکسی

نه عشق میرسد به داد
نه مرگ میدهد جواب
نه خانه میرود ز یاد
بگو چگونه سر کنم در این سرای بیکسی

نه آن زمین بارور
نه آسمان که ابر رحمتی بیفکنم
معلقم بر این جهان
بگو چگونه خاطری به این و آن کنم

نه دلخوش از ترانه ای
نه شاد با بهانه ای
نه آرزوی خانه ای
بگو چگونه بی روال صد تهی بسرکنم

براه ما اگر ستاره بود
بجای روشنی به مشعلی بدل بگشت
که خرمن وجود و خانه را بسوخت
بگو چگونه باد برده خانمان بنا کنم

من تهی به آخرین خود رسیده ام
و در نشیب زندگی به تیرگی تکیده ام
بروی هر دریچه پرده ای
و تا غروب زندگی به انتظار سر کشیده ام

تاب دیدار

بگفتم تاب دیدارت ندارم
از این رو من ز دیدن روی تابم
شنیدی قصه خورشید دیدن
که برتابی نگه از تاب دیدن
مرا دیدار تو خورشید دیدن
تو گوئی در وجودم لرزه دیدن
از اینرو سر ز دیدن باز تابم
که بر خورشید دیدن ناتوانم

صندلی فروشی خانه خدا

این خانه خداست شود صندلی خرید
آنهم به نرخ جیب من و تو توان خرید
گو یا تاتر بود که هرکس جلو نشست
پول دو صد به قیمت جایش بدل نشست
این زینت است به عبادت خریدگان
آنجا شود که عبادت به زر روان
آنجا شود که عبادت به زر خرید
آنرا به نرخ خون دل ما شود خرید

گو یا خدای مرده شود خانه اش فروخت
اسباب صاحب مرده به حراج شد فروخت
ما را به خانه صاحب حراج راه نیست
زیرا که مال صاحب مرده روای نیست
هر صندلی به‌جای عبادت به زر ببست
تا دهر در بساط دکاندار سکه بست
آنجا خدا نبود که جای خودش یادگار شد
ارثیه خدای مرده در آنجا به کام شد

ما را ز روی خشم ز خانش بدر کنند
آگه نی اند که به ما مرحمت کنند
ما دیده ایم خدای را به خوان تو
دیدیم‌که زنده است به یمن صفای تو
در روی پر ز مهر تو دیدیم روی او
گویا ندیده اند که فروشند کوی او
این خانه دل است که برایم‌سعادت است
جز این هر آنچه هست برایم سعایت است

آنجا حدیث روضه رضوان روانه هست
اینجا حدیث عشق تو و من کنایه هست
بگذار تا فروشند خدا و وسائلش
برچسب جهل زنند به صندلی ومال و خانه اش
تا دیوجهل شود دود در فضا
انسان رها شوداز شرً این خدا

ترابسیار می‌خواهم

سکوتی خلوتی شعری شعوری فضائی زنده میخواهم
درون سینه ام سوز و غمی از عشق می خواهم
و از شرق وجودم نازنین یارا طلوع ناب می خواهم
وازمنطق گشوده‌برسرم‌عطربهاری تازه می خواهم
وخورشیدشکوه‌عشق‌وعرفان‌رابسی‌گسترده‌میخواهم
زرحمت‌های‌دلهای‌محبت بارمحیطی‌گرم می‌خواهم
و دشتی پر ز گلهای همه رنگ محبت تازه می خواهم
و آواز خوش رندان و مستان را شبانگاهان
طنین‌اش‌رادرون کوچه های شهر پر بار می خواهم
ترابسیار می خواهم ترا بسیار می خواهم

بیا ای ناز نینم لحظه ای دور از همه اغیار
نیاز و ناز ا زعشق توام‌بسیار بسیار می خواهم
به بازوی محبت تا ربر تاک وجودم بند
که آغو ش ترا هم هر زمان هر دم همی خواهم
دو دست گرم توبر گردنم برپیکرم ای نازنین یارم
شبان‌هنگام درون بستری درخلوتی آزاد می خواهم
لبت را بر لبم بگذار آخر جرعهَ ای ساقی
شراب عشق از جام وجودت من همی خواهم
ترابسیار می خواهم ترا بسیار می خواهم

خورشید در شب

میان خانه ای حسرت اسیری زاده دردیم
بیا تا مرغ جان را زین اسارتها رها سازیم
شب تار و سیاه غم درون چاه اندازیم
سیه جادوی غم از بام این خانه بدرسازیم
بیاخورشیدبینیم‌درشب وماچاره‌ای‌سازیم
و نقشی بر اصول نو برای خود بنا سازیم
بیادآریم‌رهائی‌راتکامل‌را سرود تازه‌ای‌خوانیم
وعطرتازه‌عشق‌ومحبت‌درفضای‌خانه‌اندازیم
شراب‌ارغوان‌مهربانی‌رابشادی‌ساغر اندازیم
دل خوش را بجای غم میان محفل اندازیم
بدستی‌جام‌گیریم‌سرمست‌از طرب خوانیم
و با دست دگر چنگی به زلف یار اندازیم
و جشن دلخوشی ها را بهر هفته بپا سازیم
سروروخنده‌رادرجای‌غم‌مهمان‌خود سازیم

تناسب

یک تناسب باید
متعادل باشد
که تبادل آید
و توافق و تفاهم حاصل
رو به سوی هدف وا حد و یکسان برود
تا امیدی به تداوم باشد
و سپس راه تداوم باقی
تا به سر منزل مقصود رسد

ورنه
سرگردانی است
آنچه گویند کبوتر به کبوتر خوشتر
گوئی ابعاد جهان را به دو پهلو دیدن
رنگها را به سیاهی و سفید
و شب و روز را برابر دیدن
قصه هائی یک جور
که در بحر تفکر بیرنگ
و کسی راه به جائی نبرد
در تناسب وقتی‌جنس ها ناجورند
ارتباط ناجور است

سرودمراسم‌سوگواری

چه میشد
اگر این مردم خوب
یاد عزیز رفته‌را
با ماتم خود سرنمی‌کردند
بجای ماتمی در سوگ آن رفته
در آغاز مراسم
سکوتی را که مرسوم‌است
تفکر در بقا را پیشه میکردند
و حرف ا ز هستهِ بودن
"بقا "بعد از" فنا" می بود
ا گرحتی شعار باشد
سرود زندگی بر زندگان باشد
وعنوا نی برایِ سوگواری‌این چنین باشد
بشاید تا شود سُنت به جمع ما عزیزانم
که شاید فرصتی باشد
وخود آموزشی باشد برای ماو نسل بعد
که تا باور کنیم
عمر و زمان ما عبوری ا زجهان باشد
تنها یک اثر باشد
و تنها یک اثر ماند

و یا نوعی مراسم بود
همه با هم سرود عشق می خواندند
همه تکرار می کردند

کنون من مهر آغازم

و بر این عرصه هستی بنای عشق سازم
که عمری جاودانی نیست
و میدانم پرنده رفتنی باشد
من اینک طرح نو سازم
پرواز ی بیآغازم
و میدانم که رفتن نیستن نیست
حیاتی جاودان باقی است
من از این خویشتن
خودی بهتر همی سازم
من از خود یک خوددیگر بنا سازم
و حتی از فنای خود بقاَ سازم
حیات جاودان باقی است

نماز زندگی خوانم براین هستی
و این باشد سرود من
و این باشد نماز من
و این باشد نماز زندگی بر زندگان من

و یاد آرم
که رفتن "نیستن" نیست
حیاتی جاودان باقی هست
چه باید کرد
تا از فنای خو دبقا سازم

و اندیشیم و آموزیم
که ما هم در تداوم های این گردون
چه نقشی را به" بودن ها" اداء کردیم
و ایکا ش در سرای خود بهر نحوی
اثر دار و اثر سازو اثر بخش دگر باشیم

تفکر را دمی مهمان
که شاید بر دمد میلی به "بودن ها"
نهال این" شدن ها "را درون فکر بنشانیم
که شاید بشکند سقف فلک را ، طرح نو سازیم
و ما هم در تداوم های این "بودن" شدنِ
دینی به "بودن ها" اداء سازیم

بجای سوگواری‌فرصتی را مغتنم دانیم
و پروازی اگرچه ظاهراً کوچک
ولی ممکن بیآغازیم
که هر پیدایشی رادر سر آغازش
امید ی دوردست آید
امیدی بیکران باید
و حتی چرخ یک اعرابه را هم کشف کردن
آغاز یک امر مهم دیگری باشد
و سن وسال و میزان سواد مطرح نمی باشد
چه بسیارند میدانند
ولی هرگز نگفتند حرف ناگفته
و با خو دبرده اند هر آنچه را که‌خوب دانسته
هنوزم راز ناگفته به دست و پای ما بسته
بیآموزیم هر فکری و هر ابدا ع ثمر بخش است
بیآموزیم بر گوئیم حدیث تازه ی دیگر
امیدی بیکران نو آوری ها را بدنبال است

چه سود ا زگریه کردن ها
ولی سود آور است تکرار مطلب ها
که عمری جاودانی نیست
و زنگ کاروان گوید
کنون آن ساربان د رانتظار توست
ا ز خواب گران برخیز

فرصتی باقی است
کاری کن
و این باشد عزاداری هررفته
نماز زندگی بر زندگان خوانیم

و جای سور و سات
غذائی را درون سفره هر بینوائی
بجای اینهمه گل
یک قلم را دست یک بچه
بجای این همه کارد
کتابی یا که کاغذ را بدست محصل
بجای آن مزین چوب هر تابوت
دری بر درگه یک بینوائی
که تا ا زسوز سرما در امان باشد
دوائی
یا که واکسن را به یک کودک
و مرهم را به هر دردی
و یا درد اسیری را مداوائی

نمیدانم چرا خود اینهمه
های است و هوی سربسر نا جا
چه سودی بر عزیزی که کنون رفته
بجایش
اگر سودی برای زندگان اکنون مهیا هست
چه بهتر سود اکنون را نگهداریم

پس ا زمرگم عزیزانم
دمی اندیشه و در خود فرو رفتن
برای خود سرود زندگی خواندن
برایت آرزوی یک حیات جاودان دارم

"شدن" را من به دست خوب تو ای یار می سپارم
حیات جاودان از آن تو باد
سرود زندگی بر زندگانت باد

دشمن

جهان با این همه خوبی به بر داری
تو طرح دشمنی   از این جهان داری
چو خوبی بر تو بخشند میگریزی
بدیها میپذیری   خود ستیزی
گریز از نفس خوبیها نمیدانم   نمیخواهم
حذّر از تو عزیزم دشمنم
دشمن‌نمی خواهم

ترا با هر چه هستی من رها کردم
ترا با دشمنی هایت رها کردم
ترا با هر بدی کردی رها کردم
ترا آخر رها اندر کف باد خزان کردم
ز تو آخر حذرکردم حذرکردم   حذّرکردم

اگر تو عیب من گوئی
حقیقت با تو میگوید
که آدم از خود   و از نفس خود بسیار می گوید
تو و من در دو سوی یک مدار
ازذآت خود بسیار میگوئیم
در گفتار تو از خوب و بد فرقی نمیجویم
هر آن گوئی همان هستم
بگو هر آنچه   بتوانی
مر ابا تو سرجنگ و ستیزی نیست
بکن   هرآنچه بتوانی

برو با آن کسانی‌که

همانند توو طرح ترا بسیار میدانند
ومانند تو ازهر دشمنی طرحی دو صد دارند
حذّر از تو عزیزم دشمنم دشمن ترینم
هم سهم جهان از هرچه درعالم بدی باشدازآن تو
تو صاحب امتیاز ظلم و جور وین‌متاع‌خواهی نثارتو
ترا من با بدی هایت رها کردم

عزیزم دشمنم من از تو ممنونم
ز جور تو ره و رسم محبت رابرای خود روا دیدم
و مهر ومهربانی‌را برای زندگی راه و روش‌دیدم
نمیدانی چه حّد از تو صمیمانه سپاس دارم
و بیداری ز کابوسی چنین بدرا برایت آرزو دارم

اگر در ذآت خود
طرحی ز یک خوبی بپردازی
امید است آنکه از خوابی چنین سنگین بپرهیزی
و کابوس بلا و دشمنی ها را رها سازی
ز ظلم و جور خشمی این چنین
خود را جدا سازی
تو ا زباغ محبت خوشه های مهر برچینی
و عطر نوبهار مهر
درون سرزمین جان همی پاشی
وجود تو طلوع دیگر و خورشید می یابد
سرور و شادمانی بر سر و روی تو می بارد
برایت آرزوئی این چنین دارم

بچه‌های خیابانی

غنچه ها پژمردند
چون که گل پرپر شد
غنچه مادر مرده
رفت بیرون که بجوید مهری
در خیابان زیر چرخ دوران
له شد و پرپر شد
نام او بچه خیابانی شد
بخت برگشته پریشانی شد
گل پژمرد
ریشه هایش‌از فقر از جهل از یأ س
خشک شد ورفت بباد
این همان عمرگران بود
که بر باد برفت
روی گنجی که پر ا زگهر بود مُردزفقر
در عطش تا که بنوشد شبنم
ساحل بحر و عسس در بر بود
مُرد در حسرت یک قطره آب
خسته ا ز اینهمه بی‌مهری و بی‌انصافی
دولت اسلامی
نام الله ولی‌عصر شدند با پستی
روش عهدعتیق امر کنند بامستی
خفقان بستن لب هست اصول اصلی
چو گیاهی مرده
که بجز مرثیه چیزی نسرود

و گیاهی بی برگ

که بجز غصّه چیزی نفروخت
ملای بی املاء در علوم آه نداشت
یا اگریاد گرفت قدرت ایثار نداشت
غم مردم بهتر گریه و زاری بهتر
چون که سودی زدل شا د نداشت
جیر جیرک وار همش مرثیه تازی گفت
خوب دانست که مکر است به بازی میگفت
بجز از آیه یأس‌و زاری دگر کار نداشت
گُل به حسرت میدید
ا ین همه قصه تکرار و زمان فرسودن
به عبث بیهودگی راه بسر پیمودن
آه حسرت جاری
آه .... بر دل سنگدلان آه اثر نگذارد
آه سردی ز افسرده دلی برجا هست
گل
خسته از بی طّربی
بی امّید فردا رخت عزا پوشیده
که به هستی کفن تیره وتار تن دیده
خسته ا زاینهمه تکرار عبث بیهوده
نه امید سحری بود
نه طلوعی‌به صبح
تشنه لب بر لب رود مُرد و پر پر شد و رفت
آه سردش به دل دور و زمان ها میرفت

گل آه بود دود شد و بالا رفت
و حقیران فرو مایه به پائین میرفت
غنچه ها بی مادر غنچه هاپژمردند
غنچه و گل هر دو با هم مُردند
و هنوزم باقی است
لاشه برسطح خیابان جاری

در ایران ، بطور کلی رعایت قوانین رانندگی بسیار ضیعف است عبور افراد پیاده از عرض خیابان بسیار خطرناک میباشد .
در چنین شرایط خطیری میتوان کودکان سنین دبستان و پائین تر رادید که در ساعات مدرسه در چهار راههای بسیار شلوغ و ناامن به دستفروشی مشغولند. و براحتی طمعه فروشندگان مواد مخدر و صاحبان خانه های عشرت ومردان شهوت‌ران قرار می گیرند.و صد البته قربانی تصادفات اتومبیل .
در این سالهارژیم ایران توسط آخوند ها که بقدرت رسیده اند اداره میشود. این درحالی است که به اسم خدا هرچه میخواهند .و هر چه بخواهند می توانند انجام بدهند.
دولتمندان آگاهانه اعتنایی به وضع اسفناک این مشکل روانی و اجتماعی و عمق فاجعه ندارد. حفظ سلامت مردم و حقوق کودکان خردسال نادیده گرفته شده ولی در مورد رعایت حفظ‌روپوش و روسری‌زنان سخت کوشا میباشند .
چونکه مرگ و ناتوانی نسل جوان و اسارت زنان برای دولت سودآور است .۱۹۸۸ میلادی تهران ایران

طرح جواب

مهم‌جواب یک سئوال
به سطح این جهان بود
مهم حلّ مشکل است
چه فرق میکند
که در کجای این جهان
به جمع این جهانیان رسیده ایم
چه فرق میکند
که در میان این جهانیان
به تن به عاریت چه میکشیم
و در میان دستهایمان
چه مدرکی به قاب میرسد
و بر فراز نامصان چند لقب بکار میرود
چه فرق میکند
که از کدام نژاد و فرقه ایم
چه مذهبی به ارث برده ایم
و یا چه بر زبان به لحن گفتگو روان کنیم
ولی مهم بود
برای مشکلات این جهانیان
چه میکنیم
چه نقش برتری
زطرح یک جواب عرضه میکنیم
و در قدوم این جهانیان نثار می کنیم

مرا از نو بنویس

مرا از نو بنویس
از نو آغازم کن
تارهائی ز محبت برچین
پودی از عشق به هر تارش بند
در میان نقش خودت ر ابگذار
هم چو خورشید با شعاعی ازنور
با حرارت که از مهر برون می تابد
با محبت که ز لطف تو نشان می یابد
با همان آن که خاص تو بود
آن چنان زیبا چین که سزای تو بود

راستی روی طرح خیال انگیزت
هاله عشق نشان تا بدانند به تو عاشق هستم
و مرا چون ذره در مدار خورشید
با خطی از پرواز به هوای خورشید
و تنم هم چون تاک که بدورت پیچد
روی تاک بدنم پیرهن عشق بپوش
روی آن نقشه ای پرگل بگذار
روی آن پوش به برگ‌وگل نیلوفر ناز
همه گل ها شاداب پرطراوت طناز
تا همه خلق بدانند که از عشق تو لبریزم من
عشق نیلوفری عشق جاویدمن
یک گل رُز روی سینه گذار
رنگ قرمز به گل رُز بده
تا نشانی بدهد شادی عشق
نه نشانی که ز خون جگری می آید

بی قراری دلم وقت نگاه
هر طپش با تو چه بی تاب زند رسمش کن
چشم مشتاق من و شور نگاه های مرا
هر کسی بتوان دید ورقیب بتوان دید
پاهایم بکش آنسوی که گویند سخن
تا بدانند فقط سوی تواش می آید
پاهایم غل‌و زنجیر ببند
تا ببینند که پابست تو هست
دستهایم که پر از خواهش هست
رو بسوی تو شود باز
که ترا می‌خواهد
روی هر تار وهر پود تنم
عطری ازعشق که عشق ترا فریاد کند
دور این بافت وجودم تو یکی قلعه بساز
که پراز پنجره باشد و پر از نور شود
تا همه شهر بدانند که خورشید در این میخانه است
تا همه شهر بدانند که عشق اینجا هست
دور این قلعه تو زنجیربنه با صد خار
تا رقیبان نزنندره به خورشید درون
دور از اغیار در آنجا عشق است
دور آن‌طرح دل انگیز نویس
خورشید عشق تو در بین بنه
خود را از نو بنویس
تار و پودش ز محبت بنویس

دم را غنیمت است

بیراه   بیراهه میرود
او بی خبر زلحظه های خوب دم   کنون
دیوانه ایست که ره به عالم هستی نبرده است
بیراهه ایست که گم کرده است راه
بیراهه میرود
و این لحظه های خوب
با خاطرات تلخ   هم آغوش میکند
در حسرتی ز آنچه نباید شود که شد
این لحظه های خوب به تباهی همی کشد
دیوانه ایست   که بیراهه میرود
هر کس که همدمش شود
به بیراهش کشد
آیا شود زخرابات بگذرد
چشمی بروی   روزن پرنور لحظه ها
دیدی زروی بصیرت
بر لحظه ی که هست
دریابد این دم   و باری به ره کند
ره را بیابد و راهی به ره رود
فارغ ا زآنچه   نباید شود که شد
آغوش زمهرگشاید بروی خویش
دریابد این دم گذران   ر اکه میرود
دم ر اغنیمت است

ما در کجای این جهان ایستاده ایم

ما در کجای این جهان ایستاده ایم (۱)
روئی بسوی مرگ
در پشت سر حیات
بر پشت خود
یک کوله بار قصه بدنبال میکشیم
در این سفر کجای جهان در نگاه ما
آن جلوه گاه شوق بر انگیز می نمود
در این سفر به کدام معبد جهان
شمعی به بذر محبت نشانده ایم
نوری به بذل مهر به راه دگر پخش کرده ا یم
آیا چراغ در هر گذر
یا مهر را در این سفر
نذری که بود و هست
به پای کسان بذل کرده ایم
یا
سر بزیر بسوی قتله گهی راه می بریم
شادان که روز هم بسراپای شب نشست
زین رو به صد شتاب دوان در جهان رویم
در این گذر به انتهای جاده خود پیش میرویم
آیا بدین دلیل بسوی نهایت شتاب هست
لختی درنگ
چراغ بیآویز در گذر
تا نیک بنگریم به چه مشغول گشته ایم
تا نیک بنگریم که در کجای این جهان ایستاده ایم
تا نیک بنگریم به کجا راه میبریم

---

۱. خسرو گلسرخی شاعر

فهرست برحسب الفبا

فرم سفارش کتاب

خواننده عزیز :
صمیمانه سپاسگزارم که کتابم را سفارش میدهی .
بهای کتاب ، مخارج تهیه و پست جمعاً: ۲۰دلار امریکا
لطفاً مشخصات خود را خواناو چک‌رابنام نگارنده بنویسید.

مشخصات دریافت کننده :
نام و فامیل :
آدرس :

Maryam Rastegar
P.O.BOX 1535
BEVERLY HILLS CA 90213

سپاسگزارم : مریم